张军 著

向世界讲述中国经济

AN INSIDE-OUT COMMENTARY ON CHINA'S ECONOMY

东方出版中心有限公司

图书在版编目（CIP）数据

向世界讲述中国经济 / 张军著. —上海：东方出版中心, 2021.10
 ISBN 978-7-5473-1912-3

Ⅰ.①向… Ⅱ.①张… Ⅲ.①中国经济－经济发展－研究 Ⅳ.①F124

中国版本图书馆CIP数据核字（2021）第206476号

向世界讲述中国经济

著　　者　张　军
出版统筹　郑纳新
责任编辑　马晓俊
装帧设计　陈绿竞

出版发行　东方出版中心有限公司
地　　址　上海市仙霞路345号
邮政编码　200336
电　　话　021-62417400
印　刷　者　上海盛通时代印刷有限公司

开　　本　890mm×1240mm　1/32
印　　张　7.25
插　　页　2
字　　数　103千字
版　　次　2021年12月第1版
印　　次　2021年12月第1次印刷
定　　价　78.00元

版权所有　侵权必究
如图书有印装质量问题，请寄回本社出版部调换或拨打021-62597596联系。

经济学家张军

写在前面的话

张　军

在过去 20 多年里，因专攻中国经济研究，我不断会接受国内外媒体的电话、电视就中国经济的有关话题进行的采访，有时也应邀在国际上一些知名的电视台制作的关于中国经济的专题片中出镜，发表评论。实际上，应邀出席在一些国家举办的重要论坛或会议是我学术生活不可分割的一部分。如果能成为国际舞台上活跃的来自中国的经济学家，何乐而不为呢？

相对而言，我只是偶尔为国际上一些著名的报纸写文章，数量不多。唯一的例外是，自 2005 年起，我接受邀请，为著名的世界思想领袖平台 Project Syndicate（我们似乎习惯于将其翻译为世界报业辛迪加）定期撰写关于中国经济的评论文章。Project Syndicate 虽然不是报纸，却是为国际上主要一些国家的主流报纸提供好文章的一个平台。这也是英文 Syndicate 的真正含义。

实际上，如果读者有机会访问和浏览一下 Project Syndicate 的主页，就会发现在这个平台上撰写文章的不仅仅是经济学家，还有大量的人文和社会科学领域的国际著名学者，其中不乏我们耳熟能详的名字。除此之外，还有一些国家的现任或前任领导人偶尔也会在 Project Syndicate 发表时事评论文章。

所有发表在 Project Syndicate 上的这些文章涉及很多的领域，被分类成不同的主题，篇幅也不太长，但都针对当今世界上最重要的事件或具有长远意义的话题，而且几乎所有的文章都很有见地，有深邃的思想。英文世界通常把这类文章说成是"op-ed"，可惜中文世界里没有与之可以直接匹配的词。简单说，就是表达观点或发表独立评论的专栏文章。

没有想到的是，我从答应为 Project Syndicate 写作算起已坚持了 15 年之久，这期间因为身体原因暂停了大概 3 年多时间，之后随着身体康复，我又继续写了起来。为了不给自己增加太多的负担，我不再每月而是每两个月准备一篇文章。文章虽然是在 Project Syndicate 上以英文首发，但它会有高效的团队把文章翻译成多国文字，推荐和出售给一些国家的报纸用当地语言发表。因为这个原因，我关于中国经济的很多文章受到了国际知识界和思想界的高度关注。我记得，在我 2020 年发表一篇关于中国经济的文章不久，2006 年的诺贝尔经济学奖获得者埃德蒙德·菲尔普斯（Edmund Phelps）教授就写邮件给 PS 的编辑肯·墨菲（Ken Murphy）说，"复旦张军的这个文章是我迄今读到的对中国（经济）奇迹最好的解释"（Piece by Zhang Jun of Fudan is pergaps the best account of the China Miracle I have ever read）。《中国证券报》和《中国日报》（英文版）都时常会从 Project Syndicate 购买我的文章发表。新加坡的中文报纸《联合早报》、香港地区的英文报纸《南华早报》(South China Morning Post)也一直从 Project Syndicate 购买我的文章转发。

最近复旦的同仁、复旦在丹麦的原中国中心的刘春荣教授来信告诉我,年近九十的丹麦令人尊敬的著名经济学家尼尔斯·泰格森(Niels Thygesen)教授跟他提到,尽管疫情以来他暂时无法再访问中国,但一直非常关注我在 Project Syndicate 的评论文章。尼尔斯·泰格森教授被称为丹麦的"欧元之父"(Father of the Euro),对丹麦和欧盟的政策与货币政策具有重大影响力,还曾担任欧盟财政咨询委员会的主席。过去 10 多年,我和他在上海或哥本哈根有过多次往来,交流很多。在我办公室,我们有过长谈。2014 年 12 月 5 日,哥本哈根大学在古老的大厅举行了盛大的论坛"投资未来:向尼尔斯·泰格森教授致敬(Financing the Future: in Honor of Professor Niels Thygesen)",我和向松祚教授受邀做演讲。我们俩还出席了当晚在 Thygesen 教授家里举行的八十华诞生日晚宴,大约 25 位来自欧洲、美国和中国的经济学家出席。

是的,为 Project Syndicate 写作拓展了我的国际朋友圈。这的确让我保持了写作的热情,但现在回想起来,答应写作这些评论文章对我是个不小的挑战,也是一个难得的学习过程。我经常要阅读 Project Syndicate 上一些国际著名的经济学家撰写的文章,有的文章也是关于中国经济的。我从中不仅获得思想和观点,更是学到很多写作评论文章的方法。但我始终最纠结的是对话题的选择。一位长期在中国生活并熟悉中国经济的经济学家在这个英文平台上应该给世界的读者讲述什么话题,并不是一件很容易的事。并非我们在国内某一时间关心的话题也会同样引起国际读者的兴趣。这话反过来应该也成立。所以,每一次我需要花很多时间反复考虑要为下一篇文章写什么话题。在这方面,我除了需要经常阅读同一个平台上其他经济学家的文章之外,还要换位思考,尽量从国际读者的阅读兴趣来寻找有关中国的话题。我不能假设那些读者对中国是了解的。我希望我的每一篇文章发表后都能够引起国际读者的关注和兴趣,能够增加他们对中国经济的了解和理解,也能够帮助西方读者消除一些他们深受影响的国外主流看法,甚至是偏见。尽管我很努力,但也不是每一篇的选题都受读者关注。事实上,我注意到,有些话题在构思阶段我并没有十分的把握,不知道能否成为好的主题,但发表后却引起特别多的关注,读者留下很多评论(也包括商榷意见)。这足以说明这是一件特别难的事。

另一个不容易做得好的方面在于,我希望我的评论文章能给国际读者留下比较客观、没有明显偏倚的印象。现在看来,从每一篇文章后面读者的留言来看,我基本做到了。这也可以部分解释为什么我能为 Project Syndicate 写稿这么多年。实际上,在过去多年,我经常收到一些来自国际组织、行业协会或著名跨国公司的邀请,他们往往都提到看了我在 Project Syndicate 的文章,很希望我能出席他们的一些论坛或工作会议,分享一下我对中国经济的看法。新冠肺炎疫情暴发前最后一次收到的邀请来自伦敦的壳牌公司,希望我能出席 7 月初他们在中国香港地区的一个高级闭门会议。后来因为疫情等原因，我不方便成行。

考虑到过去十多年我发表在 Project Syndicate 上的这些英文评论文章都是关注中国经济的重要话题，而且文字精练，观点鲜明而客观，于是在上海的东方出版中心非常希望能将做这些文章结集成书，以中文在国内出版，以飨读者。我觉得这是一个很好的建议。东方出版中心的郑纳新总编辑非常关心本书的编辑出版工作，马晓俊先生为编辑本书付出了很多精力，他还就装帧与封面设计与我多次讨论与磨合，我在这里一并感谢。选择并编辑到本书的文章跨越了15年，覆盖了中国经济的许多重要的方面。希望本书的出版能有助于读者更好地理解和认识中国经济发展和转型中的那些重要话题。

2021 年 10 月 9 日

目 录

2005 年 / 001
中国的汇率谜题 / 003

中国增长的弱点 / 006

2007 年 / 009
中国的金融设想 / 011

2008 年 / 015
通货膨胀的来临 / 017

2013 年 / 021
中国能否适应新形势？ / 023

中国的底线 / 026

中国增长潜力未尽 / 029

2014 年 / 033

理解中国增长模式 / 035

结构性调整的平衡术 / 039

中国的高收入希望 / 042

富有远见的中国经济刺激政策 / 045

中国增长的秘密 / 048

2015 年 / 051

中国的信贷去向 / 053

全球体系中的中国 / 056

中国金融监管的问题 / 060

中国的货币政策选择 / 064

对人民币的期望 / 067

2016 年 / 071

一场被误解的危机 / 073

中国的失业率数据可靠了吗？ / 077

中国经济结构转型之痛 / 082

对中国经济未来增长趋势的威胁 / 085

2017 年 / 091

中国企业税负高吗？ / 093

中国是特朗普假想的敌人 / 098

中国的货币难题 / 103

中国经济正在转向超级城市引导的增长 / 107

30 年后的中国 / 112

2018 年 / 117

中国伟大的城市竞赛 / 119

中国在超越 GDP 增长的目标 / 123

中美贸易摩擦的中国机会 / 126

对中国技术进步的误读 / 130

理解中国治理改革的逻辑 / 134

中国是否应该拥有它的经济成功？ / 138

2019 年 / 143

为什么中国必须要减少储蓄？ / 145

过去 10 年中国的经济实力何以迅速增强？ / 149

特朗普在中美贸易摩擦上对中国的失算 / 154

国家资本主义不能用来解释中国的成功 / 158

中国如何实现"百年目标"? / 162

中国为什么不能轻视经济放缓 / 168

2020 年 / 173

新冠肺炎疫情对中国经济的影响 / 175

疫情难改中国与世界的经济关系 / 179

为什么中国经济规模会持续扩大? / 184

中国快速向数字经济转型 / 189

双城记:上海与深圳如何影响中国未来? / 194

2021 年 / 199

为什么拜登需要考虑放弃特朗普与华对抗的幻想? / 201

中国的低生育率危机 / 205

美国对华敌对情绪的可能起源 / 209

中国的金融崛起 / 213

中国底层的经济活力 / 218

2005 年

中国的汇率谜题

2005 年 7 月 21 日

中国突然决定将人民币(元)升值 2.1%,并终止与美元的联系机制是对几个月来美方不断施压的回应。但这一次价值调整很可能是一次性的,而且人民币(汇率)也可能并不是要实行真正的自由浮动,因为稳定的货币对中国仍然是非常有利的。

的确,因最优货币区研究而被认为奠定了欧元理论基础的经济学家蒙代尔坚持认为,作为当前经济发展阶段的必要组成部分,中国应该维持固定汇率制。的确,许多观察家都将 1985 年广场协议以前日本奉行的汇率制度作为典范,但是,由于中国的经济结构不平衡,汇率制度引起的挑战性问题远比日本和其他东亚经济体遇到的要多。

联系汇率显然是东亚经济腾飞不可或缺的要素,这样的制度符合该地区以出口为导向的发展模式。但是固定汇率的有效性取决于出口的发展对国内工业乃至整个国家经济的影响。如果贸易的增长推动了国内非贸易部门的增长,则固定汇率不会给对外收支平衡带来压力，因为进口需求也在上涨。在这样的情况下，汇率的调整不会对经济的发展造成严重的冲击。例如，日本的经济学家们认为，呼吁非美元货币对美元"有序升值"的"广场协议"就是高国民收入的自然结果。这也是日本接受汇率变化的主要原因之一。

但中国目前的情况却大不相同。调整汇率的压力产生的时期人均国民收入仅有 1 000 美元，而非 1 万到 1.5 万美元，因此中国还需要经过相当长的快速经济增长时期，达到日本当年允许调整日元汇率时达到的阶段。

还有一个重要原因是，和其他经济起飞初期的东亚经济体不同，中国过去 10 年内出口的增长与国内非贸易部门的发展没有紧密联系，出口增长的动力主要来自外商直接投资（FDI）。中国有 4.6 万家外资企业，其中大部分集中在加工贸易部门，从而提高了出口产品的进口密集性，割断了对外贸易部门与国内工业的联系。

因高密度的外商直接投资而受益的地区成了最富裕的地区，这种情况扩大了地区间的差距，特别是东西部之间。仅仅用相对繁荣的东部沿海地区的收入水平来决定人民币的汇率是不现实的。

诚然，中国积累了大量的收支顺差，说明人民币的价值被大大地低估了。但是顺差仅仅掩盖了中国国内经济部门和较贫穷地区的结构问题。如果把外资企业的出口从总贸易量中减去，顺差就没有了，因为商品贸易的总差额和服务业的贸易差额普遍出现逆差。

简而言之，因外商直接投资的绝对优势而与中国经济其他部门脱节的出口部门是造成人民币价值被低估这样一种错觉的原因。尽管出口的增长十分巨大,目前已达到中国 GDP 的 70%,但对其他的经济部门并没有产生推动作用,因为出口仅限于外资的加工贸易企业。如果出口的增长不是限于这样的企业,那么国内经济规模十分庞大的中国绝不可能积累起如此巨大的对外顺差。

只要亚洲一直用美元作为外汇储备——这样的政策将继续给贸易和经济的发展带来巨大的好处——中国维持人民币价值稳定的愿望将继续给贸易和经济的发展提供极大的优势。

中国增长的弱点

2005年11月29日

中国爆炸式的经济增长无疑依赖了世界经济。但它急剧改变了全球生产链并且影响全球贸易体系。如果中国在以后20年中继续维持其增长势头,全球贸易体系将面临巨大变化。实际上,真正的问题并不在于全球贸易体系是否会忍受中国带来的不平衡,而在于评估这种不平衡有多么严重。

过去几年里,世界对于美国巨大的经常项目赤字和财政赤字,以及试图让中国允许人民币更为自由地针对美元浮动而忧心忡忡。相比之下,中国认为其经济增长需要稳定的货币,并且即使在今年7月人民币上浮2.1%,也并不想要引入更为灵活的汇率体系,而是等候结构性问题得以缓解。中国想要为此制定一个时间表极为困难。

实际上,尽管在过去10年中,中国经济实现了腾飞,但是由于体制上的影响,其国内部门的结构性调整却放慢了。银行体系仍然不够完善,资本市场问题也不少。

私营部门的增长由于无法投资于政府目前仍然垄断的经济部门

而裹足不前。地区以及城乡差异突出限制了家庭消费增长,增加了经济对出口和外资的依赖。

正如乐观人士所见,多年来,中国一直是世界鞋类、服装以及微波炉的廉价组装场。现在,中国正在为成为更为尖端以及技术密集型产业的全球性大国而奠定基础。几十亿美元正在流入汽车、钢铁、化工以及高技术电子工厂,从而为中国变成高端产品的主要出口国做准备。

尽管有人主张全球贸易体系必须为崛起的中国(以及印度)提供更大的空间,但是他们却忽视了,为了维持出口型增长,中国必须解决其国内经济部门中庞大的结构性问题。对于这些部门而言,过去10年中由投资带动的快速增长造成了生产能力大量过剩,由于价格战挤压了利润并刺激了房地产投机,反映出的是通货紧缩压力,银行体系的坏账急剧上升。

推迟结构性改革最终会限制经济增长,如同20世纪80年代和90年代的日本一样。中国存在相似的问题,其投资与增长的关系影响了宏观经济稳定。这一点只要看看发生在2003年和2004年的经济过热现象就可以知道。

确实,中国在出口拉动增长的条件下面临维持宏观经济稳定的艰巨挑战,其对世界其他地方有着巨大影响。鉴于中国国土面积庞大,在全球市场中的份额不断上升,宏观经济不稳将会加剧全球基本商品和原料价格的不稳定。

但是,中国的一些地方政府偏好于短期快速经济增长胜过长期经济表现所需要的结构性改革。巩固财政的要求以及突然关闭和重组效率低下的银行及国有企业毕竟会对短期增长踩急刹车,影响到社会安定和政治稳定。

这也是为何中资企业近年来不断努力走向世界的原因。"走出去"战略正越来越被视为解决国内结构性复杂问题的替代手段。

但是,这一战略的代价昂贵,正如20年前的日本一样。日本做法的主要教训是发动海外收购狂潮,结果破坏了现存的国际利益平衡,从而造成与世界各国关系紧张,与此同时却隐藏了国内结构性问题的严重性而陷入僵局。

中国如能避免这一教训将会大有益处。集中精力处理结构性改革会减少因中国的崛起而在世界各地所造成的担心,同时赢得国际工商界的赞誉。这样做,中国不仅不会令全球性公司及其所在国忧心忡忡,而且会在国外维持强大的资源的支持以及获得继续发展所需要的投资流入。

从经济意义上说,中国需要做出选择。它必须消除未来10年到20年快速发展道路上的结构性障碍。归根到底,要实现真正安全的和可持续的经济发展,中国需要依托一个广大的国内消费的基础支撑。

当然,调整与中国经济崛起息息相关的全球性不平衡需要更长的时间。这是因为这样符合美国的利益,会受到美国的欢迎。中国严肃对待国内结构性改革也是中国自己乃至世界的长久利益的所在。

2007 年

中国的金融设想

2007 年 1 月 25 日

随着北京近邻的天津今日打响滨海开发开放的战地口号，中国另一个"金融中心"建设的帷幕似乎就要拉开。几年前当上海举起中华牌的时候，很多银行家和投资客都在猜测，其用意是否真的就是要让上海取代香港成为中国的金融中心。在目前这一试点中，天津与上海形成南北竞争的局面，越发引起人们的猜测。

以前，没有人知道如何建造"金融中心"。金融中心只不过是一个重要的金融活动集散地。像纽约和伦敦那样的城市只有证明了自己的作用之后才被称作金融中心。

一些决策者似乎并不知道，没有幸运地成为金融中心的大都市还有很多很多。经济学家或者其他理论家并没有一个理论告诉我们，成为金融中心的城市一定比没有成为金融中心的城市更有价值、更可爱。那么，为什么中国要把建设金融中心列为重要的全国性目标呢？中国果真需要自己的世界级的金融中心吗？是否世界需要中国有世界级的金融中心？或者是一个金融中心可以决定一个大都市的命运,就必须有这样的一个目标呢?

　　金融的发展史、城市的演变以及现代经济学都不能提供明确的答案。但金融中心这个词变成今天如此的分量和含义,是中国人自己的构想。我们试图把金融中心的功能拆开来,并且把每一个细节都量化。结果,选择一座城市并且令它建造金融中心的功能,好像是可以这样操作。在金融的现代发展模式下,金融有没有中心已经不是什么有意义的问题。由于历史因素和机遇,传统上金融活动与欧美资本主义的崛起紧密相连,其形成集中在那些城市里。但是现在,金融活动聚集在哪个地方并不重要,重要的是在世界经济运行中,金融越来越重要,越来越全球化了。

　　某些城市成为金融中心并不是因为它们比其他城市更为优越,也不是一些地方做了一些别的地方忘记做的事情。而是一旦金融活动聚集在一个地方,就不大容易搬迁到其他地方。自由的市场经济和法律传统对于金融中心的生存不可或缺,当然帮助它们崛起,但是最初的崛起总是历史演变,而不是政府的战略打造出来的。

　　毫无疑问,为了中国的经济持续有效地发展下去,需要金融部门的健康发展。在这个问题上,我们有共识。

　　但是这一进程缓慢,因为,实际上,将金融发展与城市被列为"金融中心"的含义等同起来恰好放慢了金融发展的目标,也就是减少政府控制,加快金融市场的发展。

　　中国由于金融领域的行政色彩浓厚,部分限制了城市发挥其金融市场功能,香港地区这一亚洲认可的金融中心帮助国家的金融现代化受到部分影响。

中国需要的是一个能够利用全球化的力量在未来几十年中推动经济增长的金融部门。

2008 年

通货膨胀的来临

2008 年 1 月 29 日

宏观经济条件在许多国家就像是流动的水。它的流量有多大、多快？它从哪里来又到哪里去？

中国经济的"主流"是国内投资的巨大洪流。中国经济一直保持快速增长，同时巨大的投资需求在短期内造成了巨大的通货膨胀压力。其结果是，自从开始市场改革以来中国一直对投资项目的信贷严加控制并且密切关注货币供应情况以促进宏观经济的稳定。

但是在 2003 年，随着通货紧缩的结束，中国经济步入了一个新的阶段。生产能力的过剩消失了，对消费的限制被取消了，同时对住房的需要出现了急剧上升。

从那时起，重工业，包括钢铁、汽车、机械、建材、能源和原材料，经历了前所未有的投资热潮，反映了对于城市建设、住房、交通、基础设施和设备更新的巨大需求。于是毫不奇怪地，经济开始走向过热。

制造业和重工业生产能力和盈利能力的提升使中国的国家储蓄大幅增长。事实上，中国最近几年贸易顺差的大幅上升并不像许多人所认为的那样是人民币汇率所造成的,而是源于国内储蓄的增长。

然而,从 2005 年到 2007 年初,宏观经济政策所关注的一直是控制贸易顺差的规模。最重要的是,人民币被允许升值,并且出口退税实质上已经被取消了。

在 2007 年初,因为通货膨胀还没有真正显现出来,政府并没有把它看成是一个主要问题。但是当价格在该年的第二季度加速上涨,政府开始感到担心了。中国人民银行一开始把这归于流动性过剩,于是运用货币政策工具,从 2007 年下半年起连续五次提高了利率。结果,12 个月定期储蓄的利率达到了 3.9%。此外,中国人民银行还六次发行了中央银行票据,以进一步抑制通货膨胀。

然而,到 10 月底,M2 货币供应上涨了 18.4%,同比增长了 1.3%,并且远远超过了预期增长 16% 的目标。到了 2008 年初,很显然控制通货膨胀和给过热的经济降温已经成了政府的首要经济目标。

事实上,政府的主要经济工作委员会中央经济工作委员会已经得出结论在经过数年的"高增长和低通胀"后,中国正在走向"高通胀下的高增长"。这显然意味着保持财政和货币的稳定性将成为经济工作的首要任务,而控制贸易顺差则降到了较为次要的地位。

问题在于直到目前为止引起通货膨胀的主要原因一直是制造成本的快速上涨,并且能源和原材料的价格没有任何下滑的迹象。此外,新的劳动法和收入政策将会进一步提高用工成本。而由于消费品价格的上升,名义利率也将持续上升。这些将造成投资需求继续保持旺盛,而通货膨胀将会进一步蔓延。

面对通货膨胀,工业产量可能会受到影响。为了控制投资需求,2008年肯定会实施更紧的信贷评级和货币政策,而投资项目和土地使用也将受到更有力的控制。同时,用工成本增长所带来的更大的压力将迫使企业降低它们对利润的预期并且削减成本,从而在短期内影响产量的增长和劳动力的雇用。

要在今年缓解通货膨胀的压力是很困难的。国际商品价格将会持续上升,国内劳动力成本和非贸易品价格的上涨不是那么容易被消化的,而国际经济形势将会促使资本更大规模的流动,从而使资产价格将会持续上涨。所有这些因素都将会使今年通货膨胀的水平超过2007年的水平。

美国经济的下滑必然导致出口放缓,用工和产量增长将进一步走弱,这将使中国政府承受越来越大的压力,从而也增加了财政赤字的压力。财政赤字是造成通货膨胀压力的另一个根源。

2013 年

中国能否适应新形势？

2013 年 4 月 18 日

中国的"两会"（每年三月召开的一年一度的全国人民代表大会和中国人民政治协商会议）一直吸引着全球的目光。但今年的两会似乎尤为重要，这不仅因为国家领导人换届，也因为中国的经济增长放缓提出了深化改革的要求。那么，中国的新任领导人该作何对策？没人能准确预测这轮经济放缓会持续多久，政府将目标调降至 7.5%。

许多经济学家甚至不乐观，指出经过三十年的快速发展，中国经济的高速增长期可能像日本那样结束。他们认为日本经济实现了超过 20 年的持续快速增长；但在 1973 年后的 40 年中，日本年度经济增长超过 5% 的情况屈指可数，并且 20 年来产能一直处于停滞状态。但今天的悲观主义者需要就两个经济体间最根本的差异做出解释。比方说，日本 1973 年就已经进入高收入国家行列，其人均收入（按购买力平价计算）相当于美国 60% 的水平。"亚洲四小龙"（新加坡、韩国及中国的香港和台湾地区）也在达到类似的相对收入水平后出现了 GDP 增长放缓的过程。相比之下，中国的人均收入仍只相当于美国的 20%。换句话讲，我们不应低估中国经济向发达国家靠拢的潜能。

但悲观主义者质疑中国能否在经济发展上继续保持追赶势头。他们认为即使广义的经济制度问题不大，现有的发展模式也会使中国陷入"中等收入陷阱"之中。

将问题归咎于体制原因是旧式思维的典型。高速发展期内，中国经济体制无疑有其过人之处。但经济体制的发展及其最终结构与一个国家的收入水平或经济发展阶段密切相关。如果现有体制的某些方面无法支撑经济进一步发展，就有可能反过来产生阻碍作用。经济增长并不一定需要"最好"的体制，而要看体制能否调整适应新的经济发展需求。从这个角度讲，关键是要确保经济体制能够适应全面的制度改革。

如果拒绝改革，没有哪种"最优"经济体制可以保证经济长期发展。创造了 1945 年后的经济奇迹后，日本因其体制不够灵活、无法适应以全球竞争加剧为特点的经济发展新阶段而进入超慢增长阶段。相比之下，20 世纪 90 年代亚洲金融危机后，韩国经济增长势头就一直非常强劲。西方经济学家经常批评韩国经济体制，但关键问题在于这种体制非常灵活，也就是说具有很强的经济弹性。

为什么一种体制能够改革而另一种则不能？近年来的研究结果表明，既得利益和强大的游说势力会扭曲经济政策，致使政府错过千载难逢的发展机会。改革体制需要政府权力和财力压倒一切利益集团,才能坚持长期的目标政策,并确保改革取得成功。

比方说,北京大学的姚洋认为中国政府能够在关键时刻做出正确决策,因为任何利益集团都无法左右政府的行动。他说正是这种能力能够解释中国经济30年的快速增长和经济转轨成功。

中国正在进入新的发展阶段,公共部门、收入分配、土地所有制、户籍制度和金融部门等关键领域的制度改革已经成为当务之急。

显然,今天的改革比中国刚开始经济转型时难度更大。比方说只占公司总数2%的国有企业目前却拥有企业总资产的40%,国企的政策影响力也因此十分巨大。中国政府手中累积的财富可以令其改革能力大幅增强。

体制灵活性三十年来一直是中国经济转轨和快速成长的关键。从长远看,政府必须确保体制能够保持开放。只有这样才能最终落实新一轮意义深远的改革。

中国的底线

2013 年 6 月 30 日

  中国的经济增长放缓已经成为所有人的话题。去年,中国 GDP 增长创 13 年来的新低,至今尚未出现任何好转迹象。但政府领导人似乎认为这一趋势实际对经济发展有利,因为它能刺激中国推进结构改革,实现确保 GDP 平衡稳定增长的长远目标。

  近来对世界第二大经济体的评估充满了悲观情绪。世行在最新一期《全球经济展望》报告中将 2013 年中国的经济增长预测从 8.4% 调降至 7.7%。此外,最新公布的央行数据显示中国各银行五月信贷总额仅增加了 6 660 亿元人民币(约合 1 080 亿美元)——较之去年同期出现了约 1 350 亿元人民币的降幅。

  但单纯提高信贷额度恐怕无济于事。鉴于 2008 年来的刺激政策已经使中国未偿还贷款接近 GDP 的两倍,新增贷款主要并未进入实体经济,而是用于偿还旧账。因此,未偿还贷款余额并未上升恐怕更值得关注。

  近年来,对房地产行业管制从严及从紧的货币政策已经导致固定资产投资增长率从 2008 年以前的年均超过 25% 下降到今天的 20% 左右。此外,中国欠发达的西部地区增速为全国平均增速的一半不到。结果导致占中国 GDP 近半壁江山的工业增加值增速放缓,从繁荣期 20% 的平均增速下降到 2010—2012 年的不到 10% 和今年一季度的 7.8%。

因此,恢复中国 GDP 增长的关键是让固定资产投资增速至少回到 25% 的水平。新一轮刺激政策能即刻调动中国的过剩产能和未充分利用的经费(比方说已经完工的不动产资产),重现年度 GDP 9% 的增速。但中国新一届领导人愿不愿启动新一轮增长刺激计划取决于能容忍 GDP 增速下滑到何种程度。因为没有任何迹象表明中国领导人会改变当前的货币政策,有些经济学家预测除非 GDP 增速滑落到 7% 以下,否则将不会采取任何行动。

国家领导人曾于 6 月初通报美国总统奥巴马,为确保结构改革支持经济稳定可持续发展,中国主动将经济增长目标调降至 7.5%,这也解释了为什么政府尚未采取刺激措施。鉴于中国此前已经在推行上述改革,后因 2008 年全球经济危机爆发被迫推出 4 万亿元人民币刺激计划而中断,领导人的讲话表明新一届政府将力求恢复 2008 年前的经济基本面。

2005 年曾经出现人民币升值势头,东亚其他快速增长经济体的经验表明,货币升值可以刺激政府和企业推行结构改革和产业升级。但官方固定资产投资随后的大幅增加(仅 2009 年一年增幅就达到 32%)延缓了结构改革的步伐,导致更为严重的产能过剩和房地产泡沫问题。无论如何,政府现在必须消除此前因刺激导致的过度投资。这意味着在允许经济持续放缓的同时保持宏观政策面相对偏紧,从而迫使地方政府及企业部门找到新的增长点。

外来冲击和内在的工资上涨压力可以对政府和企业推行结构改革构成有力的刺激。比方说,人民币升值从2004年起就开始影响以出口为主的中国沿海地区。在经济放缓导致众多厂商加速向内陆省份或邻近国家搬迁时,沿海地区开始呼吁扩大开放、深化结构改革和产业升级。

政府仅容忍经济在一定程度上放缓是因为GDP增长低于8%不仅无助于完成结构改革,还有可能导致社会动荡并损害中国经济。而如果就业压力达到像20世纪90年代那样的严重程度,则经济持续放缓无疑会引发政府干预。

但10年来中国经济的结构性变化已经使就业压力显著下降,各行各业的工资上涨就可以印证上述趋势。当前环境非常有利于建设更强大、更稳定的经济,这符合政府的希望,也符合中国之所需。

中国增长潜力未尽

2013 年 11 月 7 日

中国年产出增长率从 2007 年的近 10% 调整到如今的 8%,关于中国经济增长潜力的猜测四起。预测中国未来增长轨迹是不可能的,但理解中国经济的基本趋势是进行有意义的估计的最佳方法。

短期需求大致上表明了一个经济体的实际增长率,但其潜在增长率由供给面决定。一些经济学家引用投资比率、工业增加值和就业等指标比较中国和 20 世纪 70 年代初的日本。1971 年,在经历了 20 多年的持续快速增长后,日本经济显著地放缓了脚步,此后 40 年,年均增长率不到 4%。

趋同假说——估算一国经济潜在增长率的基本理论——认为快速增长的发展中经济体的实际增长率会在其人均资本存量和收入达到发达经济体的一定比例时出现放缓。这一假说加强了这一相关性。根据经济学家巴里·艾肯格林(Barry Eichengreen)、朴东炫(Donghyun Park)和康镐炫(Kwanho Shin)的研究,这一比例大约是美国人均收入的 60%(以 2005 年国际价格计算)。

乍一看，亚洲几个最发达经济体——像日本、"亚洲四小龙"——都符合这一理论。1971 年到 1973 年，按购买力平价计算的日本人均 GDP 落在美国的 65% 左右，而"亚洲四小龙"也在到达相对日本的类似收入水平时经历了不同程度的经济放缓。

但艾肯格林、朴东炫和康镐炫还发现，一旦收入水平达到这一水平，年增长率的下降一般不会超过两个百分点。这意味着日本 GDP 增长应该在 1971 年后逐渐放缓，而不应该大幅降低超过 50%。类似的，"亚洲四小龙"与美国仍然存在收入差距，因此在过去 20 年中，它们本应增长得更快。但所有"四小龙"都经历了大幅放缓（尽管没有日本那么剧烈）。

这些不一致可以用外部冲击来解释——小林英夫（Hideo Kobayashi）的著作《战后日本经济和东南亚》（Post-War Japanese Economy and Southeast Asia）强调了这一点。在日本经济繁荣期，其全要素生产率（TFP，或投入要素的使用效率）贡献了 40% 的 GDP 增长。当增长大幅降速时，TFP 下降得更快——这一戏剧性变化显然与 1971 年日元升值和 1973 年石油危机有关。

从微观经济学角度看，突发汇率冲击和石油价格暴涨妨碍了企业调整技术和生产方式从而适应新的成本条件的能力，最终伤害了 TFP 增长。这样的成本冲击具有比消极需求冲击更长的影响期。根据趋同假说，制度调整、资源再配置和技术赶超的回报会自然衰减，因此，如果没有消极外部冲击，过高的 TFP 增长会逐渐下降。

外部冲击还解释了中国 GDP 在 2007 年之后的减速。人民币逐渐而持续地对美元升值是成本冲击的主要推动力,但随着2008年金融危机的到来,需求冲击加重了困局。有可能中国经济因为这些冲击而出现的减速导致了TFP大幅下降。

与关注需求冲击的凯恩斯主义者不同,美国经济学家约瑟夫·熊彼特(Joseph Schumacher)的追随者认为成本冲击是结构性改革和产业升级的重要潜在催化剂,而结构性改革和产业升级又是避免陷入长期低增长陷阱之必须。在短期,成本冲击会毁灭一些经济活动,迫使公司关门或转向其他业务。但熊彼特所谓的"创造性破坏"能够有利于更高效的新企业的最终产生和扩张。

问题在于许多因素——比如政治顾虑和来自既得利益的压力——可能阻碍这一过程。从这个角度讲,中国正面临着重要考验。如果政府不能利用成本冲击和经济减速带来的机会实施必要的结构性改革,中国的潜在增长率将如TFP所显示的那样永远无法完全恢复。

改善总体生产率是抵抗成本冲击的最佳办法,因此新一轮结构性改革应该以创造经济转型和升级的条件为目标。关键在于建立由市场规则引导的公平平台,减少政府对经济的干预,并停止保护低效率企业。这些举措将大大有利于增加中国的潜在增长率。

事实上,考虑到中国人均收入只有美国的10%—20%,且国内地区差距巨大,从趋同假说看,其增长潜力还远远没有到头。但未来数十年中能在多大程度上实现这一潜力很大程度上取决于其TFP前景。

2007年,经济学家德怀特·珀金斯(Dwight Perkins)和托马斯·罗斯基(Thomas Rawski)估算,中国要想在2025年之前维持9%的增长率和25%—35%的投资比率,需要将年TFP增长率保持在4.3%—4.8%。30多年来,中国TFP年平均增长率为4%,并且可能在未来10年有所下降,因此这一情景可能无法实现。

维持6%的GDP年增长和相同的投资比率要求年TFP增长达到2.2%—2.7%即可。中国的生产率仍显著低于发达国家;而随着劳动力和资本在全国的重新分配,未来10年配置效率改进可期,因此,3%的TFP增长率是可行的。在结构性改革的助力下,未来10年中国经济可以扩张得更快,达到7%—8%的年增长。无论如何,趋同都会保持快速。

2014 年

理解中国增长模式 |
2014 年 1 月 20 日

尽管中国经济在过去 30 年来扩张迅猛,但如今人们广泛认为旧的增长模式已经达到了极限。政府正在做出改变——这一信念在十八届三中全会后所发布的意义深远的改革计划中尽显无遗。

对于新增长模式的具体内容,人们还有一些分歧,但各种方案之间并无剧烈差异,因为当前模式建立在不可持续的基础之上已成为压倒性共识。在需求端,许多经济学家认为应该从投资拉动转变为消费驱动型增长。供给端的建议更是毫无异议——从粗放型增长转变为集约型增长,即从基于资本积累的模式转变效率推动模式。效率的衡量标准则是全要素生产率(TFP)。

这些建议大概是受到了保罗·克鲁格曼(Paul Krugman)1994 年对东亚经济体(特别是新加坡)的苏联式粗放型增长的批评的影响。当时,杰弗里·萨克斯(Jeffery Sachs)提出过异议,他认为东亚模式的效率远胜于苏联模式的,因为在前者,市场分配投资要比计划者分配投资有效率的多。尽管如此,萨克斯仍遭到了诟病。

克鲁格曼的文章发表不久,一些中国经济学家开始将大约30年前带来的增长模式归类为"粗放型"。在这一观点周围逐渐形成了一种共识,呼吁向集约型、效率推动型增长转变,这一呼声在2011年中国GDP增长出现调整后更加高涨了。

但实证研究表明这一观点存在一个根本性的自相矛盾之处:自改革开放以来,中国TFP平均年增长率达到了近4%。如果TFP年增长率只有1%—2%的美国经济可认为是效率推动型,为什么中国不是?更重要的是,如果随着趋同效应等主要推动力的减弱,预期中国未来的TFP增长将减缓而不是更高,那么说中国未来的增长要从因素驱动转变为主要由效率驱动该是什么意思呢?

我们来看看事实。世界银行的路易斯·库伊斯(Louis Kuijs)指出,从1978年到1994年,中国平均每年GDP增长9.9%,劳动生产率增加6.4%,TFP提高3%,劳动-资本比率增加2.9%。从1994年到2009年,平均每年GDP增长9.6%,劳动生产率增加8.6%,TFP提高2.7%,资本-劳动比率增加5.5%。

类似的,德怀特·珀金斯(Dwight Perkins)和汤姆·罗斯基(Tom Rawski)发现,从1978年到2005年,中国GDP年增长率为9.5%,而资本投资增长率为9.6%,贡献了44.7%的GDP增长。2005年,拥有大学学历的劳动力占比增加到2.7%,贡献了16.2%的GDP增长。TFP增长率为3.8%,贡献了40.1%的GDP增长。

资本是中国GDP增长率的最大贡献因素,这毋庸置疑。但中国经济的TFP表现也令人印象深刻——而这一现象却是无法用粗放型增长模式解释的。事实上，日本的 TFP 增长率即使在经济高峰期也从未达到过如此高的水平。甚至在东亚经济体中 TFP 表现最为出色的中国香港地区在 1960 年到 1990 年期间的平均年 TFP 增长率也只有 2.4%。

而且，中国的 TFP 贡献了 35%—40% 的 GDP 增长，而"亚洲四小龙"的这一比例估计只有 20%—30%。至于苏联，即使在最佳年份，TFP 也只贡献了 GDP 增长的 10% 左右。

有人可以质疑说，中国的 TFP 对 GDP 增长的贡献尽管远高于其他所谓的"粗放型"经济体，但仍低于集约型的美国经济。美国经济的这一比例超过 80%——有人或许会援引这一差异证明不能将中国经济归类为"效率驱动型"是合理的。但这一观点忽略了一个事实，即中国一直保持着两位数的 GDP 年增长率，而美国的年增长率平均只有 2%—3%。

如果那些希望中国增长模式转型的人只是希望让中国的 TFP 对 GDP 的贡献份额增加到美国的水平，那么中国年 GDP 增长率就应该降到 5% 以下——比其潜在增长率低三个百分点。不然的话，若 GDP 增长率为 8%，则 TFP 必须每年提高 6.4%，从而使得 TFP 对 GDP 增长的贡献率达到 80% 的水平。但这几乎是不可能的任务，因为过去 30 多年卓越 TFP 增长表现的主要发动机——包括市场经济改革、人均收入的趋同效应和吸纳外国技术等——在逐渐失去动力。

所有这些引出了一个简单问题：粗放型和集约型增长模式真的存在吗？也许这只不过是快与慢、卓越与平庸之间的差别。

根据这一观点,如果某个发展中经济体实现了卓越的增长表现,其原因一定是它提供了比发达经济体更好的资本扩张机会。毕竟,投资机会与人均资本存量水平呈现反比关系。在这一点上,克鲁格曼是正确的:如此投资驱动的增长大体上是通过汗水,而不是灵感实现的。但那又怎么样?

一些亚洲最有活力的经济体——包括中国、日本和韩国、新加坡等——同时经历了投资驱动的增长和 TFP 改善,这一事实可以用 TFP 的改善提高了投资回报、进一步加速了资本扩张这一事实来解释。尽管我们需要更进一步的分析澄清资本扩张和 TFP 之间的长期关系,但显然人们长期所接受的它们不可以共存的理论有严重缺陷。

简而言之,对于亚洲经济体,粗放增长和集约增长的二分法纯属刻舟求剑。更有意义的是考察什么推动了 TFP 增长,明白这一点这有助于中国设计出更有效地增强中国经济长期前景的计划。

结构性调整的平衡术

May 29, 2014

三年的持续经济调整让一部分中国经济学家有些困惑。金融分析师对于 GDP 增长是否会调整到 7% 以下十分敏感,试图在官方陈述中挖掘政府是否会采取行动的信息。

政府财政部门似乎并没有大的变化。但是,在平静的表面下,现实实际上是令人忧虑的。国务院发展研究中心副主任刘世锦最近解释说,政府面临的困难是再次实施大规模刺激计划提振增长将导致更多的未偿还信用——考虑到地方政府已经积累了巨大的债务和金融风险,这一方法是有问题的。

中国需要新办法。从某种程度上说,中国经济早已从受货币超发和常规信用扩张刺激的短期增长井喷转变为由政府抑制过热的措施引发的收缩。一旦风险得到控制,政府会逐渐恢复增长导向政策。长期以来,这一"繁荣周期"——通过充足易得的新投资机会将日益积累的债务和金融风险中性化——让中国得以避免硬着陆。

十年前,中国的主要问题是通缩,世界贸易组织打开了巨大的新出口市场。更重要的是,刚刚启动的国内住房改革还有巨大的红利。由此带来的新投资机会的大量涌现抑制了闲置资本和高额债务带来的风险,同时也推动了投资效率和劳动生产率的提高。

但最近的反通缩政策加上政府在全球经济危机时所采取的大规模刺激计划导致了房地产市场的供给过度和制造业的闲置资本。更糟糕的是,欧洲和美国对中国出口的需求大幅降低,并且在中长期看起来也反弹无望。所有这些都抑制了中国的短期投资机会的出现,引起了硬着陆之忧。

当然,从长期看,中国仍有巨大的投资潜力,特别是考虑到其相对较低的城镇化率以及结构性改革和产业升级的需要。但是,在中期,政府必须在经济增长和金融风险之间取得审慎的平衡。在这方面,政府的政策目标已从"经济复苏"转为"稳增长",表现出接受 GDP 增长降到一定程度——可能是 7% 甚至更低——以保持金融风险可控的意愿。

但平衡本身并非目标。政府真正需要做的是为结构性调整和改革赢得时间,而后两者又是创造新一轮投资机会的关键。政府甚至在刺激经济增长的问题上持有结构性观点。比如,上个月实施的微刺激方案以铁路、农业、智能电网和其他生产性服务为投资目标。

但维持这一平衡并不容易。第一个挑战是确保房地产市场向调整和清理阶段平稳发展。这需要谨慎而持续的政策动作。好消息是,许多地方政府已开始放松对本地房地产市场的控制。这很有可能是遵照了上级的指示。这或许是良性循环的开端,让价格调整帮助出清存货。房地产市场向清理阶段运行而不引起恐慌或崩溃将是一大成就。

另一个主要挑战是管理信用风险。这需要能降低信用扩张速度的政策,并且不能给地方政府和国有企业太大压力导致它们转向表外信用和影子银行。

此外,政府必须盘活地方政府资产存量和信用,这可以通过将其投资组合证券化实现。问题在于,由于行政限制、结构多元化不足和缺乏创新,中国国内证券市场仍欠发达,而这三大问题在短期都很难取得进展。

这就凸显出旨在创造更有效、更开放、更具竞争性的、与经济规模相称的资本市场的结构性改革的必要。结构性改革有利于产生创新金融产品、加强货币政策与资本市场的联系、增加存货资产的流动性(反之亦然)。

长期而言,多层次资本市场和多元化金融产品有助于让中国摆脱对信用的过度依赖。但这需要政府改变宏观经济管理模式。这是未来金融改革的重点。

中国的高收入希望

2014 年 7 月 30 日

　　一个被广泛接受的观点是经济发展不仅仅意味着 GDP 增长。中国现在知道,增长和发展并非有此即有彼的关系。除非中国改革增长战略以刺激技术进步和制度转型,否则高收入将仍是这个世界第二大经济体和第一人口大国可望而不可即的成就。

　　平心而论,中国的增长战略——受基础设施、低成本制造业出口大规模增长和技术转移推动——已经带来了可观的结构变化。随着劳动力和资本从低生产率部门和地区转移到高生产率活动去,资源配置也变得更有效率,真实工资有所增长,经济结构也获得了升级。

　　但让一个穷国步入中等收入行列的增长战略是无法继续让这个国家实现高收入的。事实上,有许多国家,其领导人没有认识到增长战略的约束条件并给予足够的激励鼓励新战略,结果导致经济陷入停滞,受困于所谓的"中等收入陷阱"。

　　也许这一规律最令人瞩目的例外就在亚洲,韩国、新加坡以及中国台湾地区、中国香港地区——通过改变增长战略成功地应对了外部危机和挑战。对中国来说,其步入中等收入行列前的增长战略一直效仿以上案例,现在也迫切需要类似的转变。

已故的耶鲁经济学家古斯塔夫·拉尼斯(Gustav Ranis)在近20年前观察到,成功而可持续的发展的关键是"避免思维僵化"。对中国决策者来说,这意味着必须认识到在一些作为中国经济过去增长基础的基本思维形成顽固惯性、破坏中国发展前景之前抛弃它们。

第一个问题是中国对出口战略的可能的长期依赖。在经济发展的早期阶段,几乎所有增长战略都可以归结为贸易战略。但中国的出口拉动型增长模式存在极限。除非很快采取变化,否则作为这一模式的基础的外汇机制和资本管制将会变得过于根深蒂固,调整的机会窗口也会错失。

另一个风险是中国可能继续推延开放服务部门的措施——包括金融、保险、批发和零售贸易、物流等诸领域——以期经济能继续依赖制造业。开放服务部门的措施很难赢得支持,特别是与旨在提振制造业的政策相比,因此服务部门的自由化和开放需要中国政府的大决心。在这方面,日本曾经欲开放服务部门而失败,结果掣肘了其调整经济结构应对人口红利下降局面的能力,这给了中国所急需的鞭策。

阻碍未来前景的最后一种思维是政治改革会破坏社会秩序。东亚经济体给发展中国家留下的主要智慧之一是经济发展会导致政治制度改革,而不是相反。

比如,在韩国,二战后的威权政府创造了过渡性制度安排来刺激

GDP 增长,以此弥补法制的不足。在这方面,中国拥有巨大优势。相反,政府能力不够强的国家很少能够成功步入中等收入行列。

但是,顾名思义,这些"过渡性"安排无法永远持续下去。中国依赖这一安排已逾 35 年,现在必须接受法治精神,建立能够刺激服务部门自由化、保护知识财产权利、成为竞争性市场经济制度基石的可靠的司法体系。

简言之,中国后续发展的最大风险不是危机,而是有没有认识到扬弃到目前为止一直成功的增长战略的必要性。事实上,危机或许利大于弊,因此警告近几年来的信用高速扩张可能引发债务危机,或者房地产部门眼看就要崩溃或许并不像许多人认为的那样令人担忧。

在理想状况下,这样的危机并不需要。在这一情形中,中国经济从 2008 年开始调整,使中国将注意力从支持两位数的年 GDP 增长率转向重组经济结构。

事实上,关于降低中国的出口依赖、开放其服务贸易、吸引更多外资投资于服务部门以及加速汇率、利率和跨境资本流自由化的问题似乎已经有了共识,去年的上海自由贸易区试点就是明证。此外,在去年 11 月的中共十八届三中全会后,中国承诺要让市场在决定经济结果中起到更大的作用。

毫无疑问,这些都是迈向正确方向的步骤。

富有远见的中国经济刺激政策

2014 年 10 月 2 日

如今国家开始尝试推动深层次体制改革，对之前政策决策的理解就显得尤为重要了。过去政府为应对 2008 年金融危机所实施的刺激计划成功维持了中国的经济增长，但也因此受到了不少议论。

事实上，当时出现的银行贷款高速增长令中国的 M2（衡量货币供应的广义数值）大幅飙升，从 2008 年相当于 GDP 的 150% 上升到如今的约 200%（超过 100 万亿人民币）。对中国经济大规模注入流动性不但催生了大量房地产泡沫和过剩产能，也导致负债增加，地方政府和企业负债状况尤为严峻。

在过去一年半以来，中国都在着手通过深度调整中国行业结构，压低过剩产能，限制贷款数量，严控影子银行部门以及遏制房地产投资来应对上述挑战。虽然这些措施取得了一定成功，但也付出了代价。

考虑到进一步调整经济结构的需要——以及长期的人口构成变化趋势所导致的劳动力供应下降——2008 年前的增长率必将无法重

现。但对于国家来说，结构转型和产业升级——而非不可持续的信贷驱动型增长模式——才是实现高收入阶段的关键，因此经济调整也是可以接受的。

然而对刺激政策的评估不应仅局限于增长与改革之间的权衡。因为该政策同时也帮助扩大了中国的对外贸易并借助稳健的国际收支状况，巨额外汇储备和稳定的货币增强了自身对外金融实力，最终为后续的改革方案创造了空间。

与此同时，世界金融危机引发了全球资产相对价格的转换。随着发达国家陷入债务危机，导致资产价格下跌和汇率下行，中国的国际购买力反而有所增强。这些与刺激政策相结合，就大大强化了中国的投资和金融实力。

像新西兰或者秘鲁这些无法依赖发达国家实施出口的国家都与中国签订了双边自由贸易协定。同时当发达国家削减自身对外投资规模之时，中国开始逐步向全球经济注入急需的资本。

事实上许多国家都已经开始寻求改善对华双边关系以获取中国资本。举个例子，当牙买加在1999年遭遇货币汇率急跌，失业率飙升以及由政府负债问题引发的严重银行风险时，其传统贸易伙伴美国和英国都拒绝出手相助，于是牙买加政府转而向中国求援，后者则提供了1.38亿美元贷款协助其重振经济。

预计到明年，中国的年对外投资额将达到1 000亿美元，与其投资流入额逐渐靠拢。相信不用多久，中国就能实现从商品净出口国向资本净出口国的历史性转型。

但中国的对外金融举措并不会止步于此。在 2009 至 2010 年间中国也对国际货币基金组织进行了巨额投资——中国人民银行在 2009 年宣布将购买高达 320 亿美元的特别提款权（国际货币基金组织的一种准货币），相当于约 500 亿美元货币。在同一时期，中国签署了多项双边货币互换协议，提供了多笔政策性贷款和特别资助，并对区域性投资基金进行了注资。

在未来几年，中国与发展中国家的联系将进一步加深。国家已经讨论拿出一部分外汇储备去支持发展中国家的基础设施建设，致力于增强发展中国家采购中国商品的能力，并推动一个更广泛的发展进程。

中国的持续发展需要其不断扩大对外援助的能力和影响力。全球金融危机极大加速了这一进程，迫使中国通过经济结构转型去寻求实现该进程。在这个意义上，此前政府的工作其实是为今天创造了一个宝贵的开端。

中国增长的秘密

2014 年 12 月 26 日

许多人对中国经济的增长前景感到有些担忧,因为大规模债务、过度投资、产能过剩以及 2008 年全球金融危机以来的所谓"鬼城"逐渐出现。但这些问题都不是新问题。自 1978 年以来,它们就以各种方式影响着中国经济,东亚的其他高增长经济体在快速增长时期也无不遇到过这些问题。

尽管如此,自改革开放以来,中国平均年增长率高达 9.7%。而韩国等都只花了 40 年时间完成了从低收入到高收入的转型。

这些经济体是如何成功地以如此长时间快速增长,并克服期间所面临的严重问题的?答案很简单:恢复力(resilience)。

经济发展是一个坎坷的过程,充满了挑战和风险、成功和失败、外部冲击和内部动荡。副作用——如债务-GDP 比率上升和产能过剩——也是难以避免的。

如果一国不能在新挑战出现时予以充分应对,经济增长和发展就会停滞下来。比如,许多拉美和南亚国家就陷入了所谓的"中等收入陷阱"，因为它们没能及时调整经济增长模式。

相反，东亚经济体不断地调整增长战略、持续地进行制度改革。其目的不在于解决直接面临的问题，而在于引导新的效率更高的活动以帮助债务转化为资产并最大限度地利用经济的产能。

从这个角度讲，东亚经济体发生的是奥地利经济学家熊彼特（Joseph Schumpeter）所描述的"创造性破坏"，经济结构从内部不断革命。此外，它们还通过实施有利于——甚至鼓励——用更有活力的新增长源取代效率低下的旧增长源的增量改革加快这一过程。

比如，中国在20世纪80年代所实施的提高生产率的农业改革从某种程度上说是受到非农业部门增长的刺激，是旨在鼓励乡镇企业的政策的结果。类似的，20世纪90年代，中国通过实施刺激更有活力的部门的制度改革解决了坏账累积和烂尾楼工程问题（分别由国有企业长期亏损和房地产投资过度导致），从而抵消了国有企业资本回报率的下降。

因此，自中国改革开放以来，恢复力已成为政府和市场互动的特征。事实上，按照已故经济学家古斯塔夫·拉尼斯（Gustav Ranis）的说法，政策和市场制度的互动动态（interactive dynamic）是东亚经济体成功的关键。比如，由地方机构要求增加自治权所推动的中国的财政分散化帮助刺激了地区竞争、维持了日益市场化的经济环境。这一互动动态也反映在产业政策的形成中。在中国，尽管生机勃勃的小制造商集群不断繁荣，但决策者采取促进产业发展和升级的措施的情况相对较少。于是市场机构指导了这一过程，确保它们在不断扩大的产业部门中扮演关键角色。

东亚的另一个恢复力来源是地方政府。首先,它们负责公共资本支出,推动了中国实体基础设施的改善,并给私人投资者带来合理回报。这推进了帮助地方企业特别是创新型中小企业成长和繁荣的目标。在这方面,地方政府还帮助企业得以进入全球供给链。浙江省和广东省做得尤其成功——毫不奇怪,这两个省也拥有中国最强健的地区经济。

最后,地方政府表现出愿意支持制度创新。这能带来解决地方层面结构挑战所需要的灵活性,从而防止它们阻碍增长。

在经历了三年的增长放缓和债务增加后,中国再一次站在了十字路口。幸运的是,它似乎正在选择灵活和调整之路,追求一个宏大的改革计划,我们希望这能让中国更加接近——并最终迈过——高收入门槛。

2015 年

中国的信贷去向

2015 年 3 月 28 日

两位数的经济增长已经一去不返了。事实上,中国年经济增长率自 2012 年以来一直在 7.5% 左右,今年预计将调整到 7%。这是中国的"新常态",其特征是"中高速"(而不是高速)增长。但也许这也有些乐观了。

在过去两年中,信用增长几乎是 GDP 的两倍,社会融资总额增长得还要快。但 GDP 增长较 2002—2011 年间的年平均水平 10.2% 大幅放缓,表明中国也许更接近于中速增长路径。

信用和 GDP 增长分化的一个可能解释是潜在增长已经调整到 7%。但潜在增长如此剧烈的调整通常意味着猛烈的"刹车",以外部冲击或重大内部调整的形式发生。在正常情况下,经济的潜在增长率会随着结构变化进展而自然缓慢地调整。

事实上,没有确切证据表明中国潜在增长率下降。中国比其他新兴经济体更好地抵御了 2008 年全球经济危机。此外,固然老龄化和劳动力减少等结构性因素可能破坏潜在增长,但它们不会突然爆发。那么，怎样解释中国经济产出在信用高速扩张背景下的调整？答案很简单，关键在于信用是如何使用的。

2008年全球经济危机前，中国信用扩张与GDP增长是匹配的。但是，自2008年年底以来，每年发行的信用量相当于GDP的35%，导致信用—GDP之比从危机前的150%飙升到现在的250%。这意味着信用的效率大幅下降。问题源自2008年所实施的刺激计划，这助长了大约14万亿人民币的信用创造——也支撑了固定资产投资特别是基础设施和房地产开发的快速增长。2009年末，当投资密集型经济开始出现过热信号时，政府采取了严格的宏观经济调控，迫使投资者暂停正在进行的项目。增长应声而落。

与此同时，债务在继续增加——因为利息在不断积累。事实上，根据政治经济学家史宗瀚(Victor Shih)的估算，因利息而形成的增量债务在2010年达到了新增名义GDP的80%。2012年，两者已经等量齐观，而在2013年，利息升高到新增名义GDP的140%。史宗瀚预测2014年这一比例将达到200%。

特别是，地方政府需要应对巨大的不良债务，这破坏了它们的资本支出能力，也冻结了对生产性投资的私人需求。严格的房地产市场调控给开发商本身造成了沉重负担，钢铁等相关行业也大受影响。由于让借款人避免违约——至少暂时避免——的唯一办法是提供不断增加的流动性，因此，即使银行面临流动性约束，也仍然愿意扩大新贷款。

尽管中国国民储蓄率很高，意味着不需要向外部借取流动性发行大量货币,但其所面临的风险不可低估。如此大比例的新流动性被用于维持债务的支出,留给刺激增长的新投资的部分寥寥无几。

此外,随着债务的不断增加,银行的放贷意愿会降低,促使债务人转向不受监管、利率畸高的影子银行部门以满足流动性需求。融资成本的上升将进一步阻碍固定资产投资。

东亚经济20世纪60—90年代的增长曲线和结构变化表明中国可能继续维持十年的中高速增长,但中国必须首先解决其债务问题。

第一步是立刻降息,从而降低债务人的负担、提振GDP增长。政府还必须实施更加积极的财政政策,而不是只注重货币政策。

此外,由于地方政府和国有企业占了中国不良债务的大头,因此通过中央政府债券提供资金予以减记也许是必不可少的——并且要快。财政部刚刚推出的"债务置换"机制——允许高负债地方政府将1万亿人民币的今年到期的债务置换为利率更低的债券——方向是正确的,但远远不够。中央政府面临非常有利的财政环境——债务-GDP之比只有20%左右——实施更大规模的债务置换计划正当其时。

当然,遏制未来债务积累对中国的长期繁荣也很关键。因此,中国必须通过培育债券和股票市场来降低地方政府对通过银行满足融资需求的依赖。

如今,债务所导致的中国经济的发展问题不是经济的根本特征,政府可以用正确的战略消除这些问题,让经济在未来十年中达到中高速的增长潜力。

全球体系中的中国

2015年6月2日

经济学家对中国经济未来的看法近来多分歧。乐观者强调中国的学习能力和快速积累人力资本的能力。悲观者关注中国人口红利的快速减少、高企的债务-GDP之比、出口市场的萎缩以及工业产能过剩。但这两派都忽略了一个更加基本的中国经济前景决定因素：世界秩序。问题很简单：中国可以在当前全球秩序（包括其贸易规则）的约束下维持高速GDP增长吗？还是当前由美国主导的秩序必须做出彻底改变以适应中国经济的持续崛起？

中国寻找答案的一个办法是促使人民币加入决定国际货币基金组织（IMF）储备资产——特别提款权（SDR）价值的货币篮子中。目前，这一货币篮子由欧元、日元、英镑和美元组成。

IMF总裁拉加德4月份在上海发表讲话时，SDR问题便已成为听众的主要关注点。拉加德的立场——人民币加入SDR货币篮子只是时间问题——吸引了无数媒体关注。

上个月，前美联储主席伯南克（Ben Bernanke）在上海也遇到了这个问题。他故意把话说得模棱两可：人民币纳入 SDR 是一个积极步骤，他说，但在此之前中国必须在改革金融业和转变增长模式上拿出更大进步。

预计 IMF 将在今年 10 月 SDR 货币篮子成分的五年评估中投票表决人民币问题。但即便结果与 2010 年不同，大部分人赞成人民币加入货币篮子，美国也有可能行使否决权。这一结果不会令人奇怪，因为在 2010 年美国就曾扼杀（尽管是国会而非奥巴马政府反对）已经形成一致的增加中国在 IMF 投票权的改革。

SDR 用途有限，这意味着加入人民币只不过是象征性的举动；但这是一个强有力的象征，意味着认可人民币的全球用途。这一结果不但将推进人民币的国际化，也将让人们了解中国在现行全球经济秩序中还拥有多少空间。

从目前的情况看，空间已然不足。经济学家阿文德·萨布拉曼尼安（Arvind Subramanian）在其 2011 年的著作中预测人民币将在这个十年之末或下个十年之初成为全球储备货币。这一结论建立在他的一项观察的基础上：经济和货币主导地位的时滞要比传统观点更短。如今，中国已是世界第一大经济体（用购买力平价衡量）和第一大贸易国，中国政府一直在积极促进人民币国际化。但人民币的国际使用情况仍远远低于萨布拉曼尼安模型的预测。如果美联储提高利率，中国也必须跟进以防资本外流，即使提高利率会对国内增长产生消极影响。由于美元在国际交易中处于主导地位，中国公司的海外投资仍将面临汇率波动的相关风险。

事实上,在过去十年中,国际贸易规则在中国和包括美国在内的其他许多国家之间制造了巨大的摩擦。如今,不少自由贸易协定正在谈判中——即跨太平洋合作伙伴关系和跨大西洋贸易和投资伙伴关系——它们将提高中国企业的进入壁垒,从而阻碍中国出口的继续扩张。

显然,试图获得与其经济实力相适应的角色的中国,在现行国际体系中面临着巨大的挑战。这也许解释了为何中国政府要实施"一带一路"计划并成立亚洲基础设施投资银行(亚投行),以此不断尝试根据自身条件参与世界秩序——特别是货币和贸易体系。

"一带一路"计划的目标是重建将亚洲商品和思想传播到欧洲的古代陆上和海上丝绸之路。在这一工程中,中国将进行巨大的投资,影响50多个国家,其对发展中世界的吸引力不容小觑。

亚投行也极具吸引力——并且不仅仅是对发展中国家。事实上,57个国家——包括法国、德国和英国等主要大国——已经加入亚投行并成为创始成员国,这或许反映出越来越多的人认识到美国主导的秩序回报正在下降。

从中国的角度讲,国内经济增长在现行全球体系中似乎难以为继——这是日本和其他东亚经济体在经济崛起过程中不曾遇到过的挑战。事实上,唯一一个遇到过这一挑战的国家正是美国——它在二战前取代英国成为世界最大的经济和金融力量;幸运的是,这一先例是一个适应与和平过渡的先例。

平心而论,中国仍需要经历重要的国内改革,特别是金融业改革，以消除资源配置方面的问题和调整经济发展模式。但国家不会追求提振出口的货币贬值，仍旧需要保持人民币的国际角色，同时保证长期经济增长和繁荣。

不管人民币在 10 月是否被加入 SDR 货币篮子，世界体系的逐渐转型以适应中国的趋势是不可避免的。

中国金融监管的问题

2015 年 8 月 4 日

中国股市动荡似乎已经进入尾声。但仍存在巨大的不确定性,不仅是关于最近沪深交易所崩盘的原因的不确定性,还包括关于此次崩盘对中国金融改革意味着什么的不确定性。

中国股市暴跌被归因于多重因素。一开始,有些媒体将股灾归因于外资银行和交易者"恶意"做空中国股票。随后,国内一些投资者也被指责负有责任。政府还宣布将严查卖空源头。

最近,似乎更加可信的原因浮出水面:2010 年以来保证金融资的大幅增长。散户借入了大量资金用于购买股票,股市参与度大幅提高,这让稳健的牛市演变为"疯牛"。

通过在线平台进行的保证金融资放大了波动风险,但仅此单一因素无法引起暴跌。真正的问题是市场预期,它一开始对政府的积极政策过度解读,市场分析师们开始营造牛市气氛,煽起高涨情绪,导致过度投资,然后发展到不可收拾。而随着政策被迫调整,市场情绪突变,资金撤退,导致釜底抽薪。不可否认,中国的监管体系由人民银行、证监会、银监会和保监会组成,它们缺少信息共享和协同机制,这也在一定程度上延误了及时出手阻止市场狂妄的机会。

现在看来,证监会的监管目标过于狭窄,习惯于用政策和官员讲话提振投资者信心和刺激市场参与度来促进市场繁荣,但似乎无法将股市疯狂的苗头消灭在开始。作为中国资本市场监管者的证监会与其他监管机构都忽视了它们应有的责任:建立能够维持强劲投资的强大的制度框架。

当市场开始大涨时,群情激昂。哪怕股市指数已经远超合理区间,监管者仍没难以预见到繁荣的速度和规模。毫不奇怪,一开始它们并没有稳定市场的有把握的计划。

当然,随着 A 股直奔 5 000 点而去,监管者最终认识到发生剧烈修正走势的风险也在升高。但是,它们并没有步步为营、构建强势定向监管措施,而可能没有了余地,只能突然来个一百八十度大转变,警告投资者股市存在高风险泡沫并决定出手打击保证金融资行为。

这一做法导致突飞猛进的指数开始暴跌——而证监会也陷入了手忙脚乱的局面。除了发出一系列行政令,它并未与投资者和市场展开互动,也缺乏征求公共意见和建议的途径。直到崩盘已成不可收拾之势,人民银行才认识到正在发生什么——证监会无法独力扭转局面——并宣布将采取系统措施稳定市场。

结果应该很明显,在当前的监管体系中,各机构之间的责任划分过于清晰而僵化,已经与快速增长、日益一体化的资本市场脱节。但是,根据中国最新公布的互联网金融监管草案,其"1+3"监管模式仍将可能被保留。

中国也许已经认识到,其监管框架——特别是其监管资本市场的方法——已不再合适,必须实施重大监管重组措施。一种已经提出的选择是成立单一的超级监管者,类似于 20 世纪 90 年代亚洲金融危机后成立的韩国金融监督委员会。不管是否成立这一机构,改善各部门合作渠道也将至关重要。

类似合作在中国并非没有先例。事实上,诚然各部门总是试图捍卫自己的地盘,在大问题上毫无疑问存在着互相掣肘,但在中国改写世界经济秩序的努力中,它们一直是精诚合作的。被中国政府任命为亚洲基础设施投资银行(亚投行)首任行长的前财政部副部长金立群曾表示说,亚投行的成功组建就是由这样的部门间通力合作推动的结果。

为了更好地保护投资者利益,中国必须找到办法确保现有金融监管者之间的此类合作,包括对重要机构进行改造。中国正在追求深度金融部门改革,目前正逢其时。市场暴跌应该成为抓紧改革的动力。令人担忧之处是最近的股市暴跌可能让政府感到有些担忧,或许导致其放缓改革步伐,包括开放中国资本账户的措施。改革势头能否保持下去在很大程度上取决于政府是否认识到股市暴跌是监管失灵的结果,还是仍坚持认为它是别有用心、以破坏中国经济为目的的外部势力的"杰作"。

后一种情况也不是没有可能,但可能性较低。从近几年来中国改革的进步，以及政府一再承诺深化改革措施看，我有信心认为中国领导人对此次暴跌的反应将是重申金融改革日程。毕竟，忽视此次暴跌的教训将是一个严重的错误——坚定务实的中国领导人将会痛下决心避免重蹈覆辙。

中国的货币政策选择

2015 年 10 月 9 日

近几年来,中国经济的运行可谓引人注目。但是,今年 GDP 增长可能无法达到 7% 的目标,目前,全世界都在密切关注经济增速放缓的信号。中国能够让经济持续增长重回正轨吗？

2008 年,为了应对全球金融危机,中国实施了刺激计划,保持了两年 9% 的 GDP 增长。但是,2011 年后,刺激转变为宏观经济紧缩,投资增长从 30% 以上的名义增长率下降到最近的 10% 左右。这影响了产能和资源的充分利用。产能过剩对增长具有消极影响,也许更重要的是,导致某些行业的大规模冗余(特别是资源业、重工业和化工业)。

流行的思维关注人口变化等长期结构性因素。但是,到目前为止,很少有研究表明结构性因素足以解释过去几年来中国潜在增长率下降的幅度。

更有说服力的答案在于中国的货币政策立场。自 2013 年以来,政府没有选择放松严厉宏观政策,而是希望由此产生的对现有行业的压力能有助于刺激家庭消费和服务业的转型。经济学家对这一方针十分欢迎,该方针将减缓导致过去债务大规模累积的信用扩张。

但是,这一方针要想起效,就必须保持 GDP 增长稳定,而不是让它急剧放缓。而事实并非如此。事实上,尽管中国继续进行着结构调整,但经济正在面临日益严重的需求萎缩和持续通缩。消费物价指数(CPI)保持在 2% 以下,生产物价指数(PPI)已经 44 个月为负。

中国有着巨量的流动性——M2(货币供应量的常用指标)达到了中国 GDP 的两倍——而借贷成本仍在升高,这毫无意义。问题在于政府将经 PPI 调整的基准利率保持在 11% 以上。影子银行部门的利率达到了令人咋舌的 20%,一些民间借贷比 20% 还要高。

结果是过高的融资成本,让许多制造业的企业无法维持边际利润率。此外,地方政府融资平台的关闭,加上中央政府施加的信贷上限,导致地方基础设施投资资本支出下降到历史最低水平。而收紧的金融约束也大大削弱了房地产部门的增长。地方政府和公司难于支付利息,被迫进入了一个恶性循环,从影子银行部门借钱偿还债务,从而进一步推高了无风险利率。

如果过高利率破坏了中国经济转型所需要的内需,那么一个自然而然的疑问是为何政府不采取措施降低利率。显而易见的答案是,实现经济从投资和出口拉动型增长的转型才是政府压倒一切的重点。

但中国能否实现它所追求的消费驱动的再平衡?此前,没有一个表现抢眼的东亚经济体曾经实现过这样的再平衡,而中国也有类似的增长模式。

基于此,中国当前的紧缩应该驱使决策者追求货币宽松,将真实利率下降到显著更低的水平甚至零水平。这一动作——中国有足够的空间这样做——不但能够降低现有债务负担;也许更重要的是,它还能让债务在经济加速时得以展期。

事实上,由于中国——与(比如)欧洲不同——大部分银行贷款现在锁定在基础设施和其他实体资产中,因此刺激需求比去杠杆化更好。关键在于将利率降低足够的程度,以减少高杠杆的金融风险并使地方政府债务能够重组。降低借贷成本还能刺激中国的资本市场,它是为创新性中小企业提供股权融资的关键。

当然,中国需要继续进行债务减记和互换,并且必须保持渐进的结构改革。但决策者必须认识到过高真实利率正在造成什么风险。货币宽松是阻止增长进一步放缓的关键,因此也是确保国内经济稳定、保持全球复苏动能的关键。

对人民币的期望

2015 年 12 月 16 日

国际货币基金组织（IMF）最近决定将人民币纳入决定其储备资产——特别提款权（SDR）价值的货币篮子中，这吸引了全世界的目光。但自 1969 年创设以来，SDR 从未成为讨论的焦点，也鲜有交易。因此，这一决定真的很重要吗？

事实上，SDR 在全球经济中的作用十分有限，因此 IMF 的决定几乎没有任何短期实质影响。但从长期看，这一决定所吸引的注意力能够刺激 SDR 被更广泛的使用。更重要的是，至少在现在，这一决定证明了 IMF 对中国在人民币国际化方面取得的进步持肯定态度，同时也反映——并加强了——中国日益增加的经济实力。

2001 年中国加入世界贸易组织以来，其 GDP 从 20 万亿元人民币左右增长到 60 万亿元人民币。2009 年中国成为世界最大的出口国。而据 IMF 数据，去年中国已超过美国成为世界第一大经济体（以购买力平价衡量）。代表所有 188 个成员国的 IMF 理事会承认人民币满足纳入 SDR 篮子的"所有现有条件"，这是沿着这一进步之路所迈出的又一步。

但是，必须指出，满足"所有现有条件"并不能让人民币在国际使用方面与（比如）美元等量齐观——事实上，与其他所有 SDR 货币（欧元、英镑和日元）也是如此。相反，尽管中国 GDP 和贸易量巨大，但人民币在全球外汇市场中的份额仍可忽略不计。人民币国际化的过程也远未完成。

因此，IMF 可以轻松地拒绝人民币进入纳入 SDR 篮子的要求，一如五年前那样。但这一次 IMF 似乎急切地想让人民币"入篮"（特别是在过去几个月中）。是什么让 IMF 的想法发生了改变？

我认为原因在于 8 月 11 日人民币的贬值上。这是十年升值后人民币第一次贬值。通过取消人民币盯住美元——毫无疑问，这是一个高风险的举动——中国表明了其在长期允许市场力量决定汇率的意愿。

当然，如今人民币已被纳入 SDR 篮子，中国必须证明它可以有效管理货币大幅贬值并继续向国际化迈进。这不是一个简单的任务，特别是在其经济增长减速时。

逐步贬值会制造出汇率继续疲软的预期，从而助长资本外流，不利于公司在进出口活动中使用人民币的意愿。在过去几年中大大增强的人民币离岸市场将失去价值，迫使中国人民银行向其投入外汇储备以阻止下跌。目前中国外汇储备已经大幅下降——光是上个月就减少了 872 亿美元。

尽管有这些挑战，但中国认为，从长期看，人民币纳入 SDR 篮子有助于人民币的稳步升值,并且可以充当某种形式的信誉证明从而支持其继续国际化。也许他们是对的。尽管如此,真正驱动人民币继续升值的不会是 SDR(尽管它能起到助推作用),而是中国自身的长期经济表现。事实上,阿文德·萨布拉曼尼安(Arvind Subramanian)指出,中国 GDP 和贸易占世界之比才是让人民币可能成为全球储备货币的因素。

问题在于什么时候。据萨布拉曼尼安的观点,有可能早至 2020 年。中国研究者没有那么乐观。五年前,上海交通大学的潘英丽预测,不计其他货币的先发优势,人民币占全球外汇储备之比可能在 2025 年达到 26%(与目前欧元的比重相当)。计入先发优势,这一比重将下降到 10%。但即使是后者,人民币仍将在 2030 年成为世界第三大储备货币,仅次于美元和欧元。

简言之,将人民币纳入 SDR 篮子确实重要,绝不是象征性动作。IMF 以此表明对人民币继续崛起的信心,也增强了人民币迈向国际化的全球预期——并给予了间接支持。不管中国面临什么挑战,其稳步迈向全球经济最前沿的征程必将继续下去。

2016 年

一场被误解的危机

2016 年 2 月 10 日

如果你懂中文并能每天关注中文的媒体,你将会发现,你想知道的东西基本都在那了。但这些东西未必总是明说,需要你去揣摩与推测。在中国,出席官方主办的会议和论坛是重要的,阅读官方主流媒体的社论以及高级官员发表的文章,也必不可少。在重大政策决策前夕,你总是可以从中找到蛛丝马迹。这对于外国人来说简直是不可思议,一头雾水。这些日子以来,人民币的汇率问题弄得满城风雨,成为全球讨论的焦点。不足为怪,作为全球第二大经济体并且在全球经济复苏中扮演着举足轻重的角色,中国货币币值的不稳定自然牵动着投资者的神经。但是,在这当中,危言耸听者众多,大多数人并不冷静,更未能真正理解,甚至误读与曲解了中国政府的每一步的政策与做法,从而完全看不到一个完整的画面是个什么样子。

呼声甚高的关于做空人民币的言论虽然引发人民币汇率的波动和热钱流出的加快,但这毕竟还只是发生在相对于在岸市场来说微不足道的人民币离岸市场且处于政府的可控之中。这是因为不仅仅离岸市场规模狭小，连接在岸与离岸市场的通道屈指可数，更重要的是，中国 10 年来在金融市场开放和资本账户可兑换上的决策未定，直至两年前启动了上海自贸区，这种金融开放既可以被解释成造成人民币汇率动荡的原因，也反过来给予了中国在面对汇率波动时不必手忙脚乱的有利条件。

即使这次国际上不乏做空人民币的投机者，但对中国经济来说，依然难以真正形成困境。作为仍然比全球经济增长率高出至少 4 个百分点和拥有超过 10 万亿美元 GDP 的中国经济，再加上还有超出 3 万亿等值美元外汇储备和占 GDP 接近 40% 的储蓄水平，贸易上每年依然有数千亿美元的顺差，要说中国正在经历汇率危机并将致使中国经济突然坍塌，实在言过其实，过于胆大了。

只要简单回顾一下 1997 年爆发的东亚金融危机的文献，你就会发现，中国这次所经历的货币动荡（currency volatility）完全是意料不到的事件。没有比 misunderstanding 更好的词来描述这次货币动荡的原因了。这些年来，中国经济在发展政策方面的一个最大改进是在金融领域。事实上，正如上海自由贸易区的设立与建立人民币国际化渠道所表明的那样，中国在减少政府干预和推进更市场化的利率与汇率形成机制上相当卖力。坦率地说，中国的央行功不可没。

今天应该有足够的证据证明去年 8 月 11 日中国央行做出的贬值人民币的决定，是基于一个很有说服力的理由而深思熟虑的结果。经与 IMF 协商，它朝着用更市场化的方式来形成人民币汇率迈出了一大步。但不幸的是，此举没有得到市场的理解和正确解读。人民币对美元的小幅贬值引发国际市场猜测,推升了人民币持续和大幅度贬值的预期。为了稳定预期,12月国家外汇管理局(SAFE)进而提出人民币改用SDR一揽子货币来估值而不再单一地盯住美元。在上海的中国外汇交易中心推出了基于一揽子货币的人民币汇率指数。但这些用心的指引看上去并不那么管用,离岸市场沽空人民币的预期依然持续升温,人民币再度处于贬值的巨大压力之下。外国投资者无法真正领会中国央行去年8月对人民币汇率的突然调整到底是出于什么目的,反而把它曲解为一个经济硬着陆这个更大危机的前兆。这也是为什么有学者在刚刚结束的达沃斯论坛上认为中国的金融政府机构与市场投资者之间缺乏及时和足够的沟通时,会在中国国内引起关注。

当然,说白了,所谓沟通上的欠缺只是对不熟悉中国的决策体制所造成的不适的一种描述,不完全是因为没有沟通,而是沟通方式的差异所致。境外投资者的这一不适应症难以全然归咎于中国的央行。说句公道话,在重大经济决策机制下,央行的努力与行动相当出色。2008年如此,今天也如此。

为了防止被国际市场投资者的再度误读,面对国际市场上对人民币汇率的动摇,中国的央行这些日子在维护汇率稳定的政策设计上可谓煞费苦心,尽量不再释放过强的货币宽松信号。这些日子,由于央行出手稳定人民币汇率已造成银行间的流动性趋紧,而且按照惯例,中国的春节来临,中国国内市场对流动性的需求将处于高位,市场预计央行将会选择降准来释放大量的流动性。但这一次央行依然回避了降准而采用了非常规性的(unconventional)的手段(如MLF、SLO、SLF和逆回购等公开市场操作)来释放流动性,使回购利率创下10年来的新低。

这说明,即使外部的投机者虎视眈眈,中国的央行并没有乱了阵脚,依然有足够的回旋余地。再明显不过,你如果真能跟进这段时间以来所发生的一系列事件的前因后果并能学会欣赏中国央行的作为,中国当前的货币动荡算不上是一场货币危机。但即使这样,中国政府会认真反思过去的做法有哪些不妥并加以矫正。放眼未来,人们不必对人民币的汇率前景过于悲观。

中国的失业率数据可靠了吗？

2016 年 4 月 14 日

"今年以来，中国经济运行稳中有进，上半年 GDP 同比增长 7.6%；5% 的调查失业率和 2.4% 的通胀率，均处于合理、可控范围。"这是中国总理李克强 2013 年 9 月在英国《金融时报》发表的文章中首次披露了中国上半年的调查失业率为 5%。2014 年 7 月国务院决定适时向社会公布大城市的调查失业率数据。国家统计局联合劳动和社会保障部定期公布的城镇登记失业率并没有什么实质性的变化，总是维持在 4.1% 左右。这让很多关注和试图理解中国经济的人士感到困惑。

事情不会这么简单。国家统计局的调查失业率是基于那些在城市拥有户籍并向政府部门登记并领取救济金的失业人口为依据的，但与发达国家不同，因为失业保障和就业指导体系不健全，中国有太多的人并没有向政府部门登记失业和寻求再就业的激励。正是为了进一步健全和完善失业调查，政府在 2005 年决定开展城镇失业调查以获得更准确的数据。

一些经济学家几年前就开始利用人口普查或城市家庭收支调查（Urban Households Survey）的有限数据来试图估计这些年来的真实失业率了。例如，Han and Zhang（2010）用了 UHS 中 6 个省份的数据，推算出 2005—2006 的失业率约为 10%。在一篇 2015 年刊载于 NBER 工作论文系列中的论文中，Feng 与另外两位合作者利用几乎涵盖全部省份在 1988—2009 年的 UHS 数据，估计出 2002—2009 年的失业率平均约为 11%。这是目前为止我看到的最高的失业率了。由于数据非常零碎和不完整，根据同一作者的估计，2002 年之前的失业率平均约为 4%—12% 之间。这样的结果当然也没有太大的参考价值。

看来缺乏足够完整的数据的确是一个大问题。以上的推算最多到 2009 年为止。由于 UHS 的数据并不是公开和免费的，不同的人以不同的渠道可能获得不同年份和不同省份的数据。这对于研究者来说的确是一个既头痛又无奈的事。我和我的研究团队去年有幸获得了 UHS 数据库中 4 个省份在 2005—2012 年的数据，还有另外 3 个省份在 2005—2009 的数据。另外我们还获得了以上 7 个省份中的 4 个省份在 2010—2012 的月度数据。尽管样本相当少，但仅有的这些省份颇具代表性，因为它们正好涵盖了沿海、内地以及东北地区。通过对这些数据进行适当的调整和处理，我们可以对以上城市的失业状况做出测算并由此推算全国的真实失业率。

如果不考虑那些已经退休但又找到工作的人群——当然是微不足道的比重——我们的测算结果显示，2005—2012 年中国的城市失业率总体上呈现下降的趋势,从 2005 年的 10.7% 逐渐下降至 2012 年的 7% 左右,年平均的失业率为 8.5% 左右。有意思的是,虽然我们看到在 2007 年这一年的失业率突然变得更低——那可能是因为那一年的 GDP 增长了 14% 的高位——但 2008 年以后失业率总体上依然延续了之前的下降趋势,而这期间受全球金融危机的影响,GDP 增长率的下降趋势已变得明显。这期间,政府公布的城镇登记失业率还是相当稳定。不过,在横截面上,我们的数据与政府的登记失业率数据之间存在着正向关系,而且统计上显著。这意味着,在截面(cross-section)分析中,登记失业率数据或许可以作为真实失业率的代理变量(proxy),仅此而已。

为什么失业率伴随经济增长减缓而下降呢?经济学家往往会想到这是否因为劳动参与率的下降导致了失业率的下降,但是根据 UHS 的数据,我们计算发现,劳动参与率在这段时间反而还是稍有上升的,并且从家庭的调查数据中我们还发现,因从事家务劳动或者未知原因退出劳动力市场的比例是微弱下降的。

看来在经济增长减缓的同时,就业的增长在加快。这是很有意思的现象。那么,就业机会的净增长来自何处?UHS 为我们提供了失业人群再就业的去向信息以及失业持续时间(duration)长短信息。依据这些信息,我们可以知道什么样的人以及失业前在什么行业和什么地区的人一旦失业会持续多长的时间才能重新就业。我们也可以了解哪些行业或部门创造了多大比例的就业机会;同样我们也可以知道在此期间哪些岗位在减少。

我们发现，在 2005—2012 年，尽管服务业的就业增长保持了持续的趋势，但是第二产业和国有部门释放了更少的失业人群，尤其是 2009 年以后。实际上，制造业和国有企业部门的失业人群的平均失业持续期要比服务业和非国有企业的失业人员更长，所以，如果不是第二产业和国有部门释放了更少的失业人群的话，失业率势必要上升。2008 年为应对全球金融危机，中国政府采取了大规模刺激计划，大量投资流向了基础设施和房地产建设领域，这使得 2008 年以后第二产业（尤其是制造业和建筑业）仍能维持高速的增长，而建筑业显然吸纳了大量低技能的劳动力。事实上，一旦我们按照个人特征分解那些被定义成失业状态的人群，我们的确发现总体失业率水平的下降主要是由低教育组人群失业率的下降导致的。

不仅如此，基础设施和房地产被刺激的繁荣还带动了包括钢铁、水泥、玻璃等以国有企业为主导的相关重化行业的扩张，使得从 2005 年以后国有部门的就业增长率得以不断加快。我们的计算显示，2009 年以后，国有部门的就业增长率由负值转为了正值。

现在就清楚了。在我们观察到的时间里，GDP 增长减缓的趋势至少到目前为止并没有大幅度推高中国的失业率水平。这一方面是因为服务业的就业保持了持续增长的势头，但更重要的是，国有企业和与基建为主的制造业（包括建筑业）释放了太少的失业人群。

情况显然是，当 GDP 的增长不能带来更多的就业时，中国政府就需要极力在政策上维持就业的优先，即使这样做会延误那些核心的结构改革。反过来说，一旦要维持这样的就业稳定，要扭转经济增长的减缓趋势也就变得困难了。

中国经济结构转型之痛

2016年8月19日

一年多来,全球经济新闻头条纷纷指向中国经济增速放缓。但近观国内区域经济的增长动态,看到的东西会有所不同——与其说中国经济增长处于减速期,不如说处于换挡期。

根据中国国家统计局公布的资料,资源丰富的山西省遭遇了经济下滑,但是位于西南部的重庆市和贵州省的经济却增长迅速,生机勃勃。同时,河北省和东北三省正在经历经济衰退带来的不良后果,而同样曾是重工业主导的天津市、山东省和江苏省的经济却保持蓬勃发展势头。

2008年全球金融危机后,经济增长放缓已成为许多国家的"新常态",中国也开始加快经济的再平衡,由原来的制造业和出口转向主要用于国内消费的产品的生产与服务的提供。

这一转变给中国未来的经济增长动力带来了深远影响。以前的出口战略中,政府优先考虑的是将国内制造业与全球生产链进行整合。如今的目标则变为满足多样的国内消费需求,并且正是与这些需求紧密相关的产业正在迅猛发展。

现今繁荣的这些经济活动长期以来是被归入服务业,而非制造业的,但是服务业并不意味着脱离实际,与世隔绝。所有的商业活动都需要制造、运输、信息和通信技术、物流、地产、金融、保险等行业配套。因此,对于新服务的新需求会对基础设施投资和设备投资产生良性循环的效果。不同于传统制造业,服务业的日益增长是为了满足国内消费需求,并不意味着制造业和资本投资的末日,更不意味着经济增长走到尽头。

即便不能完全弥补,服务业也在努力更多地弥补由出口导向型制造业产出降低导致的增长失速。中国在运输、信息和通信技术、金融、保险、地产、教育、健康等行业的劳动生产率长期以来并不高,反倒证明这些行业有着重要的快速增长空间。

经济学家 Jong-Wha Lee 和 Warwick J. McKibbin 在一篇论文中指出,亚洲的服务业生产率增长将"最终使所有行业受益,并有助于亚洲经济体持续、平衡的增长"。以韩国的经济发展情况为鉴,他们发现运输、地产和信息和通信技术行业的人均附加值要高于制造业的平均值,同时指出在美国、日本和中国也如此。

这一发现表明中国服务经济的迅猛发展能够逆转 2008 年以来由外部冲击造成的不景气。然而从日本和韩国从出口转向国内需求导向的增长经验来看,结构转型是一个缓慢而痛苦的过程。

中国正处于结构转型中,必须警惕避免经济增长对既存增长源泉的削弱,以免掉入结构性陷阱造成结构转型成本过高,抵消转型的好处。而中国多省出现的转型成本高昂拖累了总体的经济增长趋势,这并不是一个好征兆。

尽管中国消费者的规模潜力相当巨大,但是上述情况还是指出了发展前路上面临的基本挑战。对于中国而言,基于国内需求多元化的经济增长相较于出口导向型发展更为复杂,因为这些新行业的发展更多倚重于复杂的金融服务、自由公平的市场准入资格、受教育程度更高的劳动者以及对研究开发领域更多的投资。

因此,转向新增长模型的新业态对中国现存经济治理体系提出远超出其所能承载的要求。为解决这些问题,中国的结构性改革还有很长的路要走,即使不会皆大欢喜,这依然要求中国领导人要做出艰难的政策决定。

另一项根本挑战是中国的低城市化率,尽管经历了 25 年的出口拉动型增长,城市化进程依旧步履蹒跚。信息和通信技术、金融、保险、运输、地产,繁荣的服务型经济中每一项主要要素都离不开其他要素的繁荣,而正是城市将这些要素聚拢,即所谓的网络关联外部性现象。不幸的是,中国长期的城乡二元结构体制与不合理的城市规划,已经导致大城市社区碎片化、分散化并缺乏多样化的城市网群,不然大城市社区本应能促进生产率更大的提高。

城市将成为中国经济长期成功发展的核心要素。城市化应当从现在开始提速,并且未来 10 到 15 年间城市规模应当配合服务拉动型经济增长而进行扩张。如果中国能够跨越这个挑战阶段,将更能为迈向高收入国家扫清现存障碍。

对中国经济未来增长趋势的威胁

2016 年 10 月 28 日

关于中国经济近年来的三个观察值得高度关注。

第一个观察是,尽管 GDP 的增速持续回落,但它的社会融资规模,特别是信贷规模仍然保持比较快的增长趋势。

第二个观察是固定资产投资的增速从来没有像今天这样回落得那么厉害,特别是私人部门的投资几乎已经停滞了。如果没有国有部门接近两位数投资的增长,今天经济的状况会更复杂。经济减缓当然会使得私人部门不愿意投资,但也不完全这样,私人投资面临比国有投资更严厉的约束也是一个更深刻的原因。考虑到私人投资占整个制造业投资的规模至少在 60% 以上,私人投资停滞的后果自然相当严重。

第三个观察是,尽管 GDP 增速在不断地回落,但中国的就业至今并没有出现太大的问题,失业率这些年并没有增加。对于当下来说这可能是一个好事情,政府似乎也因此就对增长回落有了稍大的容忍度。但从趋势来看,这是劳动生产率开始减速的一个信号。如果劳动生产率不能维持稳定增长趋势,未来经济的潜在增长率就会下降得更快。

这三个方面的问题值得高度关注,因为它们将是中国经济未来潜在增长趋势的威胁。我先来讨论中国债务的问题。中国债务问题的核心在于它的持续存在。因为债务存量的规模过大,而这些债务又必须继续滚动下去,它就继续不断产生对流动性的需求,即使实际的投资并没有相应的增长。所以很大程度上,信贷继续扩张无非是对债务的再融资而已。问题是,这是不可持续的过程。

中国政府现在也有一些处置债务过高的政策,包括对地方政府债务的置换方案,去年置换3.2万亿元,今年5万亿元,除此之外,也在推进企业层面上的债转股的试点。但更彻底的办法还没有进入讨论的视野。现在最大的债务在国有企业,特别是大的国有企业身上。为什么这些债务的解决不可以通过国有大企业的战略重组和股权重组呢?通过出售国有资产或转让股权式的战略重组,不仅可以偿还国有企业的负债,而且可以从根本上解决国有企业过度负债的本性。

第二个威胁来自私人投资意愿的弱化。固定资产投资对于拉动中国经济增长和提高劳动生产率举足轻重。但这些年投资的增长率从20%的趋势中回落到了8%左右,这当中因为政策原因房地产的投资去年只有百分之一点几的增长。这也解释了今年以来为什么一线城市房价会反弹得这么快。投资回落中私人部门投资的回落非常的刺眼。2012年之前的十年,私人部门平均的投资增速大概也有20%,但到去年私人部门投资就降了一半,只有10%的增速。今年1到8

月份则只有增长 2.1%,而且其中 7 月份是负 1.2% 的增长。私人部门的投资意愿现在慢慢消失。

因为经济减缓,私人投资意愿固然不高。但在经济减缓的时候,私人部门会比国有部门面临更严厉的融资约束也是事实。比如现在政策宽松的环境中,国有商业银行反而更不愿意给私人投资者以信贷支持。私人企业在直接融资市场上依然处于不利地位。所以私人部门面临的融资的约束这个问题现在不仅没有解决,反而更严重了。第二个是行业的准入。国有企业在很多行业居于主导,居于垄断的地位,在那些资本密集的行业和高端服务业中,很多私人企业依然面临巨大的行业准入壁垒。在大多数的现代服务业领域,附加值比较高的服务业,非国有部门的份额都很小,大大限制了私人部门的投资和可投资的机会。还有,私人投资者总是面临政策上的不公平竞争和不公平的待遇,长期以来并没有改变。

最后,不得不讨论未来中国的劳动生产率的变化趋势。中国过去 20 年有 8% 以上的劳动生产率的增长趋势,但现在已经回落到了可能不足 6%。考虑到中国的劳动力增长已经非常缓慢,所以,GDP 增长的长期趋势就是劳动生产率的增长趋势。而如果越来越多的劳动力进入到那些生产率非常低的部门和非常低端的非正规部门就业的话,尽管看上去就业相当稳定,但中国未来劳动生产率增长趋势却不容乐观。

现在中国就业状况好于预期的原因是,服务业在经济减缓期间解决了更多的就业。根据国家统计局的数据,服务业的就业增长在

2010年之后远远超出了制造业，而他们在2010年之前的就业创造的相对增速是反过来的。这说明服务业在过去这些年创造就业的能力大大提高了。但这些年服务业的就业扩张大部分集中在非常低端的部门，而这些部门的劳动生产率非常低。这些部门往往多是非正规的部门，就业的流动性非常高，不利于人力资本的积累。

除此之外，根据我们的研究，现在的就业稳定还有一个原因是国有企业释放了太少的失业人口。换句话说，在经济减缓的时候，国有企业起到了一个稳定器的作用，没有大规模的裁员。事实上，国有企业就业的人，一旦失业，持续的时间远远高于非国有企业的失业人员。所以，在国有企业部门实际上存在大量的隐形失业人口。这是出现僵尸企业的原因。这些隐形失业的存在总体上阻碍资源再配置，降低了劳动生产率的改善能力。如果我们现在大量的劳动力都进入这些生产率非常低或者生产率没有增长的行业，如果为了维持或者满足于眼下的就业而放弃对国有企业的这次再重组机会，未来的生产率增长就没有保障。

二十年多前，因为国有企业部门的长期低效率，严重妨碍了宏观经济的稳定，国家决定对国有经济布局施行结构性改革，缩短国有投资的战线，让国有企业从竞争性行业大规模退出，只保留国有企业在战略性的行业。二十年来，国有经济从过去的亏损者、被补贴者已经变化了一个主导者，在很多甚至曾经退出的领域再度扩张。相当时期以来，很多人以为国有企业今天创造了巨大的利润，就不应该说国有企业还有什么问题。实际上，国有企业的利润来自它们的主导地位、各种优势和吸纳的更大规模的投资。在这种情况下,国有企业的改革再度引起全社会的关注。2013年的十八届三中全会决定建立混合所有制作为国有企业改革的指导原则,但国有企业改革进展缓慢。事实是,如果不对国有经济进行再次战略性重组,混合所有制的改革只会停留在无关紧要的部门。

2017 年

中国企业税负高吗？

2017年1月2日

12月中，一则关于中国企业"死亡税率"的说法引发了广泛热议。其起因来自一向低调的著名企业家和慈善家曹德旺先生面对媒体的一席话。他拥有的福耀玻璃最近在美国投资6亿美元开设了工厂（Fuyao Glass America）并准备把其投资逐步转移海外。据说曹先生赴美建厂的原因是地价、能源、劳动力等实体经济的成本差异，他对记者说"中国制造业的税负比美国高35%"。曹先生的这个说法迅速被媒体传播并引发对于中国税负是否过高的又一次辩论。

长期以来，围绕中国企业税负的争论一直不绝于耳。在中国做生意的税负到底有多高？是否越来越高？此题因为过于复杂，不容易给出直截了当的答案。

笼统地讲，如果以GDP中政府的财政收入占比来衡量总税负，中国的这个数字大约在30%。根据IMF制定的《政府财政统计手册》，2015年中国的总税负为29.1%，比世界平均水平低10个百分点。这里的政府财政收入不包括国有土地使用权出让收入，但包括国有资本经营预算收入和社会保险基金的收入。如果包括政府的土地出让收入，但相应剔除补偿性成本，也就是只考虑土地出让的净收入，总税负也就增加大约 1 个百分点。

另外一种衡量总体税负的方式是仅仅计算税收收入和社会保障缴款之和占 GDP 的比重。以这个口径计算，中国 2012—2015 年的平均税负为 23.4%，比 OECD 国家低大约 12 个百分点。当然，如果仅看税收收入占 GDP 的比重，中国现在只有 18% 左右，而且过去这些年还逐年下降。相比之下，2013 年发达国家的税收收入约为 GDP 的 26%，发展中国家约为 20%。

不过，以上指标和国际对照未能阻止过去 10 年来中国的企业家和投资者总是有对中国税负太重的抱怨。事实上，世界银行最近发布的报告称，中国企业的平均总税率达到 68%，位居世界第 12 位，这似乎与企业和投资者的感受负担较为吻合，曹先生说中国制造业的税负水平比美国高 35%，也许以此为依据。不太清楚世界银行估计的这个平均总税率到底包含了什么以及是如何测算而得。但即使撇开世界银行的估计，依然很有必要简单分析一下为什么企业家感受到的税负高于计算的总税负水平呢？

主要的原因来自两个方面。第一个原因是，与大多数发达经济体相比，中国的税赋主要由生产者承担，作为消费者的家庭承担的比重出奇的小。另一个原因是，企业和投资者感受到的负担其实还包括了纳税之外的负担。这些非税的负担不仅是指为获得资源、土地和融资而支付的实际价格，也包括了政府向企业收取的附加费。可能由于长期实行计划经济，中国至今还是一个主要依靠对生产者征税的国家。政府向企业征收的主要是所得税和增值税。虽然《中华人民共和国所得税法》规定的企业所得税的税率为25%，但它同时也规定了满足各项税收优惠的条件。例如，对那些政府重点扶持的高新技术企业，所得税率可以减至15%。而对那些符合条件的小型微利企业，通常是按20%的税率征收所得税的。所以，我估计企业所得税率的中位数（median）大概为20%。

中国目前的生产者增值税率一般为17%，还有13%、11%和6%的低档税率，有些条件下最低也可以仅为3%。跟那些实行增值税的国家比，中国的增值税率与它们相差无几。但与日本、韩国、新加坡等相比，平均而言该税率明显高了些。而且因为增值税对生产者在生产环节征收，无论盈利与否都要缴纳，不仅使企业在生产环节增加了税收，而且在经济不景气时感受到的税负更大。这跟美国在最终销售环节征收销售税就非常不同。根据中国国家税务总局税收科学研究所所长李万甫的说法，中国企业事实上承担了90%以上的各种税费，个人承担的各类税费占比不足10%。相比较而言，西方国家个人所得税和社会保险税（费）占比较高，企业直接负担的税费显得并不高。

除了缴纳所得税、增值税之外，中国的不少企业至少还要缴纳约13%的附加费，这包括7%的城市维护建设费、5%的教育附加费和1%的防洪费。需要指出的是，对企业而言，向地方政府缴纳的费是不能转嫁到消费者头上的，而且是从利润中支付。根据TCL董事长李东生披露,这几年中国制造业的平均利润率已经不足 2%。城建、教育附加费等制造业附加税占销售收入的比例接近 0.5%,约占到平均利润的四分之一。这让本来利润较低的制造业企业压力更大。而企业的流转税与费的区别就在于,生产环节的税多数会被企业转嫁到消费者头上。这是中国制造的产品在海外比在国内要便宜很多的部分原因。到底中国企业的税负有多重?除了福耀玻璃的曹德旺给出的数据之外,我收集了中国著名的两家企业格力电器和康力电梯的有关数据,而这些数据是北京的一家报纸的记者整理出来的。

根据格力电器公布的 2015 年社会责任报告,2015 年公司共缴纳各种税金 148.16 亿元,当年的营收总额为 1 005.64 亿元,净利润为 125.32 亿元,税金占到了格力营业收入的 14.7%,相当于净利润的 1.18 倍。而康力电梯的年报披露,2015 年公司上缴国家的各项税费为 3.36 亿元,这一数字相当于该公司当年营收总额 32.7 亿元的 10.27%,4.88 亿元净利润总额的 68.8%。

以上案例显示了过重的企业税负。但不清楚的是,它们是否具有广泛的代表性。中国地方政府对所在地的企业常常还有税收返还、退税、税收的减免等优惠政策,这使得企业税负在不同地区、不同行业和不同企业之间非常不同。所以,在企业层面上,不仅估计税负是一件相当复杂的工作,而且估算平均税负也意义不大。

但即使这样,中国走向更加简单、直接和透明的税收制度还是很有必要。这意味着中国需要把国家的总体税负率与企业感受到的税负调整到一致的方向。在经济增速下行压力依然增大的情况下,为了稳定经济增长,中国考虑结构性地降税和大幅度减少对企业的税费是对的,而且中国确有降税减费的空间。但除此之外,更重要的是,正如福耀玻璃的曹德旺先生所抱怨的那些税收以外的负担过重那样,很多中国的企业,特别是私人企业比国有企业支付了更高的代价去获得土地和融资等,增加了企业的成本。而且因为在一些上游基础产业(如电力、通讯、能源)仍为国有企业所垄断,其营运效率过低造成下游竞争性制造业承担着过高的成本。这正是福耀玻璃的曹德旺先生所抱怨的真正的成本负担,久而久之这些则都可能影响中国制造业的相对优势。

中国是特朗普假想的敌人

2017 年 3 月 15 日

2017 年 2 月 19 日是中国改革的总设计师邓小平先生逝世 20 周年的日子。就在香港回归中国还剩下 5 个月的时候,邓公与世长辞,未能实现他生前希望亲自到香港"自己的土地上走一走"的夙愿。20 年来,邓小平作为开启中国经济改革与开放的领导人而被后人纪念。始自邓小平,改革与开放成为中国持久的"政治正确"。

而在大洋的彼岸,自从推崇美国再次伟大的特朗普总统入住白宫以来,看上去中美之间的贸易摩擦箭在弦上,白宫方面也摆出对在贸易中"占尽便宜"的中国实施严厉制裁的架势,指控中国操纵了汇率。接下来中美之间到底会发生什么事,依然有很大的不确定性,但未来数年中国将面对一个在经贸关系上更加强硬的美国,或许是确定的。

面对捉摸不定的局面,中国人常说,要稳住阵脚,做好自己的事。20 多年前,也是面对国际形势的变化,邓小平先生曾跟当时的中国领导人说过,要记住三句话,"第一句话,冷静观察;第二句话,稳住阵脚;第三句话,沉着应付。不要急,也急不得。要冷静、冷静、再冷静,埋头实干,做好一件事,我们自己的事。"

　　是的,就在几个月之前,稳住阵脚的核心是阻止人民币的贬值和稳定房价。中国做到了,这一点值得称道。过去一年多来中国沿海一线城市近乎疯狂的房价被严厉的限制性政策所驯服,而且人民币对美元的汇率在进入 2017 年之后也终于稳定在了 6.8,让人忧心忡忡的短期资本的外流势头也得以抑制。而就在不到半年之前,中国一线城市的房价还在持续飙升,房地产市场的过度繁荣牵动每一个投资者的神经,与此同时,人民币对美元的汇率贬值和资本外流的速度还在加剧,像抽水机一样在迅速降低外汇储备的水平,形势之严峻让经济学家和国际投资者不无担忧。看到资本外流导致约 4 万亿美金的外汇储备在短期内迅速落位,甚至有人开始建议中国政府应该考虑在汇率稳定与房价稳定之间做出取舍,就像日本、俄罗斯和东南亚曾经不得不这么做一样,只能保住一个而放弃另一个。也有的经济学家建议保住来之不易的外汇储备最为重要,至于汇率,就交给市场决定去吧。至少在去年年底这个时间,我们发现中国央行依然"按兵不动"。人民币对美元继续贬值,一度跌破 7 这个心理关口,资本持续流出,导致外汇储备快速减少数千亿美元。注意到这一点甚至让人怀疑央行或许是赶在特朗普就任美国总统之前尽力释放贬值空间。是的,作为强力主张美国优先的特朗普上任之后,人民币将要承受前所未有的对美元升值的压力。在针对人民币的升值压力升起之前,容忍市场唱空人民币导致的快速贬值在短期也许是明智之举,可谓有备无患。

给定中国经济的基本面和经常项目的持续顺差,人民币虽不具备长期贬值的基础,但是在过去很多年,人民币却因为盯住美元而造成了持续的升值,幅度超过35%。中国的央行显然清楚地注意到了这一点。时过境迁,早些年将人民币重新盯住美元的安排已经不利于中国经济的恢复性增长。在这种考虑之下,央行于2015年8月决定抛弃之前沿用的给定中间价的参考作用,引入了一揽子市场汇价。不过,这个备受争议的汇改却从此开启了人民币汇率双向波动的时间窗口,而且势必形成人民币恢复性贬值的趋势。

2016年11月特朗普的当选无疑进一步提升了人民币的贬值预期,加快了资本的流出,到2016年年底,人民币对美元大约贬值了15%。之后,中国央行开始行动起来,加强对短期资本流出的管制,以便稳定对人民币汇率的预期。在此基础上,央行紧接着于2016年的最后一天,把人民币汇率指数CFETS的参考货币篮子增加了11个币种,进一步降低了美元的权重,从0.264降到了0.224。这次改变总体上得到了市场理解和消化,得以平稳度过。汇率风波平息,人民币汇率双向波动的目标也最终得以实现。在这种情况下,不知道特朗普接下来对中国操纵汇率的指控如何自圆其说?也多亏中国央行在2015年8月早早做了这个汇率改革,算是有备无患的决策。

中国政府对短期资本流出的管制应给予充分的理解和同情。实际上,在2014年之前,中国对资本的管制相当松懈,以至于企业和中国公民在资本项下的流出相对比较容易,中国企业的海外投资和并购也受到鼓励。但中国始终保留了对资本跨国流动管制。就在数年前,要求放弃资本管制,尽快实现资本项下的自由流动的呼声曾经一度甚嚣尘上。大多数经济学家支持中国应该放弃资本管制、尽快实现资本项目的完全自由化,特别是当中国正在积极寻求人民币国际化和建设上海的国际金融地位的时候。但在以经济学家林毅夫和余永定为代表的反对者看来,资本项目的完全开放对正在追赶中的中国经济而言是危险之举,那些认为资本的跨国自由流动是经济增长必要条件的断言也缺乏足够的证据,即便这么做可能明显有利于发达经济。

最终中国还是坚持谨慎地使用规模可以调整的 QFII 和 QDII 来管理短期资本的跨国流动。回应几年前美国和 IMF 要求中国开放金融的强烈呼声便是决定在上海设立自由贸易试验区,探索在区内设立 FTA 账户等手段来监控短期资本的流动,继续维持对资本流动带来的金融风险的可控能力,而且还为上海自贸试验区的金融开放和资本项下的可兑换制定出时间表。

中国是一个高储蓄且金融市场有待进一步发展的国家,仅这一点就能解释中国在短期资本跨国流动方面为何如此谨慎。谨慎行事的另一个表现是,中国早在 20 多年前就实现了经常项目的开放,境外长期资本的流入是被允许和鼓励的,因为这有助于中国的制造业崛起和快速的经济增长。但直至 2008 年之后,中国才开始有条件地允许本土的企业投资海外,而那时候正是中国饱受资本流入过多和外汇储备过剩之痛,人民币也在此时期持续升值。自那之后,中国资本项目下的海外直接投资和经常项目下的资本流出(比如每年超过1亿人次的中国海外游客的消费开支)开始加速增长。

在2013年,中国政府不仅决定设立上海自贸试验区,而且倡议并谋划加快人民币的国际化和建立与亚太地区更紧密的贸易与投资关系的网络("一带一路"倡议)。

所以,很清楚,无论在汇率上,还是在金融开放的议程上,中国并不以美国为敌,也不是美国的真正敌人。中国似乎始终在按照结构再平衡的逻辑顺理成章地制定政策并谨慎推进它的改革。是的,如邓小平所指的,把自己的事情做好,方能防患于未然。中国人相信,谋事在人,成事在天。

中国的货币难题

2017 年 5 月 31 日

因为来自真实经济的需求收缩,中国 GDP 增长趋势放缓。考虑到中国经济中已有累计超过 155 万亿人民币(约 25 万亿美元)的货币供给,约占其 GDP 的 200%,真实经济部门需求难以扩大的真实原因显然不是因为缺乏货币的供给,而是真实经济部门面临的金融约束,更何况中国的广义货币供给(M2)这两年仍以 12%—13% 的速度继续扩大。

具有对照意味的是,这些年来,中国真实经济部门面临的日益加强的金融约束与蒸蒸日上的金融部门的扩张景象形成了鲜明对照。事实上,金融部门自身的繁荣,包括来自更加市场化的金融创新活动,正在创造着日益膨胀的信贷资产和货币供给,推动了中国的 M2 相对于 GDP 更快速的增长。

这一局面的形成至少应该追溯到 2004 年。那之后持续的贸易顺差、资本流入和汇率的升值迫使中国央行增发越来越多的基础货币来对冲汇率升值的紧缩效果。货币创造被大量用于基础设施和房地产的投资以扩大国内需求,后者不仅吸收而且进一步创造越来越大的信贷规模。2009 年中国又推出三年刺激计划,以广义货币 M2 统计的货币量因为信贷的急剧扩大而窜上新的高度。例如,虽然 2009 年中国的 GDP 按照名义汇率计算只有美国的 1/3,但中国的 M2 已经约为美国的 70%。而今天,美国的 M2 大约为中国的一半,而如果按照名义汇率来换算,中国目前的 GDP 还只是美国的 65% 左右。

最成问题的是,在这期间,伴随中国 M2 的急速增长,影子银行和具有影子银行特征的财富管理业务获得迅速扩张。这是货币过多造成的一个后果,商业银行不得不为此寻求表外运作的渠道。

至 2016 年年底,根据穆迪投资者服务公司(Moody's Investors Service)给出的数据,中国影子银行的信贷规模已较 5 年前增长近两倍,达到人民币 65 万亿元(约合 9.4 万亿美元),占中国全部信贷的比重从 2006 年的 10% 左右大幅提高至 33%,占到中国国内生产总值(GDP)约 87%。

正如很多经济学家已经发现的那样,由于放松了监管并鼓励了银行的金融创新活动,其实这种影子银行业务在中国大多数不过是商业银行躲避监管的影子业务,理财产品占据了影子银行资产规模的最主要部分,其次是委托贷款、未贴现银行承兑汇票、信托等。不仅如此,即使本来属于表内业务范围的银行的同业贷款,也在金融自由化和松弛的监管之下演变成同业之间的资产投资业务,转为表外运作。

中国央行发布的 2014 年中国金融稳定报告显示,2009 年初至

2013年末,银行业金融机构同业资产从6.21万亿元增加到21.47万亿元,增长246%,是同期总资产和贷款增幅的约1.8倍和1.7倍;同业负债从5.32万亿元增加到17.87万亿元,增长236%,是同期总负债和存款增幅的约1.7倍和1.9倍。

借助于同业贷款、通道业务和所谓非标资产的资金池,这些资金从A银行拆借给B银行,B银行再拆借给C银行,层层嵌套,不断扩大链条,资金在金融体系之内空转,不仅不断远离真实经济部门,而且每个环节在收益率上层层加码,大幅度抬高了那些融资者在影子银行之下的融资成本。

由于可以轻易获得不菲的回报,影子银行和表外业务的扩张让银行有足够的激励将更多的存款货币挪用于具有高风险和高回报特征的金融资产和房地产部门的投资。这些年来,因影子银行的扩张,本来稳健而规避风险的存款货币犹如注入兴奋剂一样变得极其亢奋,不断冲击中国的房地产市场和金融市场,在两个市场上吹大泡沫并制造了剧烈波动。2015年夏天那场损失惨重的中国股票市场崩盘便是一例。而之后,从股市逃离的巨额资金又再次进入房地产市场,通过不断加大的杠杆助推了2016年多个中国城市的房价暴涨。

不仅如此,规模巨大的资金如潮水般也涌入了科创型初创企业,制造巨量的风险投资基金和科技公司市值的泡沫。2016年,根据中国科技部统计,中国"独角兽公司"(成立不到10年,估值已达10亿美元以上)数量飙升,超过130家,比美国多出30家。对于那些具有可靠前景的投资项目的数量而言,来自市场的逐利资金无疑显得太多。

去年以来,共享单车如雨后春笋在中国的大城市迅速出现和普及,无疑要归功于泛滥的投资资金。即使创业者尚未真正找到长远可盈利的商业模式,依然难以阻挡风险融资和对公司价值的高估。这足见影子银行不可低估的冲击力。

这个局面的形成最近被中国新任的银监会主席郭树清先生归咎于"猫关在了牛栏里",比喻监管松弛。他承诺银监会决心加强对表外业务的所谓"穿透式"监管并对中国银行业的风险资产进行严厉的审计。与此同时,中国的证监会和保监会也同步加强了对股市举牌和违规者的打击力度。此轮金融监管风暴和中国央行启动的宏观审慎评估(MPA)不仅引发中国股市数月来的跌势,对债券市场也产生了影响,债券的利率高升,债券违约率甚至创下历史新高。

但即便如此,相信这场金融监管风暴还将继续下去,因为中国深知,银行主导的金融系统无法承受近乎失控的金融混乱导致的巨大灾难性风险。但监管风暴并非是解决中国货币难题的一把钥匙。考虑到货币难题和真实经济部门的重要性,中国需要从根本上想清楚应该鼓励什么样的金融创新才能更好地支持其真实经济活动。而现在,这个问题似乎并没有得到充分的讨论和形成高度的共识。

中国经济正在转向超级城市引导的增长
2017 年 9 月 5 日

　　尽管经济保持了 40 年的高速增长，但中国似乎直到最近才开始把注意力转向城市（特别是超级大城市）本身作为未来经济增长的驱动器（driver）。眼下的中国学术界就发展超级大城市（super city）和推动形成都市圈（metropolis circle）问题的讨论富有热情。而实际情况已经是，那些希望进一步扩大特大城市的经济规模或经济效率提升至更高水平的地方政策受到了政府的支持，尽管也不乏批评之声。不仅如此，最近那些试图在相邻的经济中心城市之间建立更深度和更紧密网络联系的都市圈建议极有可能将获得更高的鼓励。可以期待，假如这种城市驱动的增长趋势持续 10 年，中国的城市化水平有望达到全球的平均值。

　　近年来中国开始流行青睐超级城市和城市圈的这种观念丝毫不奇怪，它跟过去 10 年来中国试图要脱离其过去成功的增长模式有关。尽管制造业高度发达，但直至最近，中国的城市化进程一直慢于其工业化和经济发展的速度。尽管中国今日已是世界第二大经济体,但仅有一半的人口是城市居民,而生活在超级大城市的人口不到总人口的十分之一。

中国过去 25 年的快速工业化进程中,像北京、上海和广州这样的超大城市的角色也并非举足轻重。这在工业化最为迅猛的长江三角洲和珠江三角洲地区极为典型。在这些地区,至少在相当长的一段时间,相对于那些中小城市,大城市被束缚在国有部门的僵化体制之下,在生产性资本的积累、吸引外商直接投资(FDI)落地和本土企业家精神上并无压倒一切的优势,反而那些中小城市借势而为,一举崛起,成为制造业的中心。

是的,这样的现象并不鲜见。20 世纪 90 年代之后,小城市昆山迅速崛起,成为了中国最重要的电子产品的制造中心,它与上海相距约 60 公里,并且行政区划上隶属于临近的江苏省的苏州市。在广东省内,类似昆山这样的小城市,比如东莞、惠州、中山、顺德,也获得与全球产业链高度融合的制造业崛起的机遇,担当着中国作为世界工厂的重要角色。即使今天被认为是中国最具活力的超级大城市深圳,也是伴随其作为出口加工区的工业化进程而逐步演变成今天这般超大规模的。1979 年在中央政府批准其成为经济特区的时候还只是个边陲小镇。

过去 10 年的情况表明,受抑制的特大城市和城市化滞后的脚步正在妨碍未来经济增长潜能的释放。在未来的经济增长中,中国清醒地认识到要充分利用和挖掘其人口规模和人力资本积累的无与伦比的巨大优势。在这种情况下,大城市、特别是超级大城市和城市群的崛起至关重要。

固然中国已有常住人口在 2 000 万的北京、上海、广州和深圳这四个超级大城市,它们在中国被称为"一线城市",但超级城市的数量与中国的经济和人口规模显得不成比例。作为全球人口最多并为第二大经济的国家,中国的城市化水平依然大大低于世界平均水平。中国还有数个在经济和人口规模上具有演变成为超级大城市潜力的二线城市,如成都、天津、杭州、武汉、苏州等。即便是对北京、上海这样的超级大城市,也并没有足够的理由认为它们目前在经济发展的潜能和容纳的人口数量上已经接近临界值,除非继续保留政府绵延已久的行政区划限制,以及据说是从香港地区学来的对城市土地开发比例的严格控制。

为了更多特大城市的发展,政府需要重新思考限制城市土地开发的配额管理制度。这个从 20 世纪 90 年代实施的制度不仅严格限制了城市可以开发的土地数量,而且长期以来把过多的建设用地用于建造制造业的厂房。事实上,在不可阻挡人口流向超级大城市的过程中,对土地开发数量的控制人为地加速了中国的一线城市的地价和房价。认识到了特大城市在发挥规模经济(economies of scale)和实现持续经济增长的重要性,这些特大城市的领导人正在试图通过"撤县改区"(county-district conversion)来缓解其至突破这些行政区划对其经济潜能释放的制约。在中国,大城市在行政区划上不仅包括城区部分,也包括广阔的乡村,而后者被称为县,并以农业为主。以上海为例,尽管上海的行政区划面积约是 6 340 平方公里,但其城区面积(urbanized area)也只有一半,另一半则是郊县。所谓"撤县改区",就是由这些城市直接把城区的范围扩展到了县的界域。像北京、上海、广州、深圳等一线城市和杭州、武汉等新一线城市城区经济发达,具有强大的辐射力和扩散力,周围的县改区之后,它们布局和规划经济发展的空间就得以扩大,这无疑对于未来的城市升级和容纳更多人口创造了条件。

中国试图转向城市引导型增长模式的另一个推进战略是因势利导地大幅度提升城市群在未来经济增长中扮演的主导地位。中国地缘辽阔,尽管地理上不乏城市群,但以经济实力而言,最重要的空间集群(spatial agglomeration)无疑是分布在长江三角洲和珠江三角洲两个湾区的城市群。在那两个湾区,得益于包括上海、香港、广州、深圳和杭州等超级大城市的经济扩张和辐射能力,两个巨大都市圈的轮廓已清晰可见,可谓水到渠成。都市圈的形成能大大提高经济活动的空间密度和获得来自经济互补性(complementarity)的巨大经济效率,是未来中国经济增长的驱动器。可以预料,中国政府会在国家战略上考虑推进这两个都市圈的成型和发展。这无疑将驱动中国更大的经济发展能级。

今年3月,中国政府明确表示将支持粤港澳大湾区的规划构想并要求尽快制定建设规划方案,其目标是建设成为全球创新发展高地、全球经济最具活力和优质品质的生活区域。粤港澳大湾区涵盖了广州、深圳等9个城市和香港、澳门两个特别行政区。2010年到2016年,粤港澳湾区的这11个城市GDP总量从2010年的5.42万亿元人民币增长至 9.35 万亿元,约合 1.34 万亿美元,仅次于东京湾区和纽约湾区的经济规模。鉴于粤港澳大湾区目前的人均 GDP 尚不及东京湾区的一半,且还处于高速增长的阶段,未来经济增长潜力的释放指日可待。以上海为核心的环杭州湾大湾区的构想也正在引起高度关注。这个湾区很可能覆盖上海南北两翼、跨越浙江和江苏两个重要经济省份约 10 个关键的城市。这一湾区的打造对整个长三角一体化和中国的长江流域经济带战略的提升都将产生重要作用。值得一提的是,环杭州湾背靠宁波舟山港、洋山深水港这样的世界级大港。2016 年宁波舟山港货物吞吐量突破 9 亿吨,居全球之首。上海洋山深水港四期工程正在建设,这是目前全球建设规模最大的自动化集装箱码头。以 GDP 计算,环杭州湾大湾区的经济规模应该也已接近旧金山湾或东京湾的规模,而且还拥有中国目前 11 个自贸区中的两个。

中国正在政策上试图引导大量传统产业的升级和转型,也在鼓励新技术驱动的产业发展。这意味着,相对于物质资本,人力资本和科技对经济增长越来越重要。而这需要重新考虑大城市要扮演什么样的角色,并如何做到由大城市来引导更有效率的经济增长。这是中国在其新一轮经济改革中的一项重要任务。

30 年后的中国

2017 年 11 月 14 日

上个月在北京召开的中共十九大备受海内外的关注。中共十九大上决定的一项议程是关于中国未来的发展蓝图和任务。十九大报告改变了中共延续 30 年的对中国基本国情和"主要矛盾"的表述。在 1987 年 10 月召开的中共十三大上,中国面临的"主要矛盾"被描述成"人民日益增长的物质文化需要同落后的社会生产之间的矛盾"。基于那时的国情,十三大把解决温饱问题和奔向小康当作经济发展的首要任务。30 年后,温饱和奔向小康目标已经提前实现。而今天的主要矛盾——按照十九大报告的说法——已经转化为"人民日益增长的美好生活需要和不平衡不充分的发展之间的矛盾"。

十九大报告中说,中国人民生活的目标已经从解决温饱、奔小康,转向追求更美好的生活。从现在到 2020 年,是全面建成小康社会决胜期。而全面建成小康社会,是中共确定的第一个"百年目标"(中国共产党于 1921 年在上海成立),也被认为是实现中华民族伟大复兴的关键一步。

在此基础上,中共十九大绘制了2020—2050年的宏伟发展目标和"两步走"的线路图:第一步是,从2020年到2035年,在全面建成小康社会的基础上,再奋斗15年,基本实现社会主义现代化。到那时,经济实力、科技实力将大幅跃升,跻身创新型国家前列;人民生活更为宽裕,中等收入群体比例明显提高,城乡区域发展差距和居民生活水平差距显著缩小,基本公共服务均等化基本实现,全体人民共同富裕迈出坚实步伐;生态环境根本好转,美丽中国目标基本实现。从2035年到2050年是第二步。在基本实现现代化的基础上,再奋斗15年,把中国建成富强民主文明和谐美丽的社会主义现代化强国。那时,物质文明、政治文明、精神文明、社会文明、生态文明将全面提升,实现国家治理体系和治理能力现代化,成为具有强大综合国力和国际影响力的先进国家。走完这个第二步,就实现了预设的另一个"百年目标"——到2049年,中华人民共和国成立整整一百年。

对经历改革开放40年后的中国经济的基本阶段做出恰如其分的评估是中国"两个百年目标"的设想和本次十九大描绘中国未来30年发展蓝图的前提。非常重要的一点是,中央坦诚中国依然并将长期处于"社会主义的初级阶段"。这为中共十九大之后政府落实未来30年的蓝图提供了巨大的想象空间。中国不可能改变需要在经济、社会和政治等方面持续保持发展动力和提升水准的大趋势。十九大报告坦言,发展是解决中国一切问题的基础和关键。

为了构造这一发展的大趋势,十九大报告明确继续推进结构性改革和推动形成全面开放新格局。中国承认在经济市场化程度方面的不足并在未来致力于结构性改革。在2013年举行的党的全会上，中央把"让市场在资源配置中发挥决定性作用"写入了决议，并承诺致力于供给侧结构改革。兑现这些承诺让有力保护私人财产不受侵犯和维护企业家精神的活跃变得极其必要和重要。以下数字也足以支持中国有足够的理由和必要致力于对私产和企业家精神的保护：私人企业用近40%的资源创造了60%以上的GDP、50%以上的税收、70%以上的技术创新和新产品开发，以及80%以上的就业岗位。在增量上，资本的积累更多地发生在民间部门而不是国有部门。在开放方面，中国承诺实行高水平的贸易和投资自由化便利化政策，全面实行准入前国民待遇加负面清单管理制度，大幅度放宽市场准入，扩大服务业对外开放，保护外商投资合法权益。凡是在中国境内注册的企业，都要一视同仁、平等对待。赋予自由贸易试验区更大改革自主权，并在中国的一些适当地方探索建设自由贸易港。

毋庸置疑，在没有改变的"初级阶段"之下，中国要能够保持持续的发展和增长的动力，还必须面对过去40年来（明年将是中国经济改革和开放的四十周年）已经发生变化的内部和外部条件并能妥善处理各种潜在风险或把风险调整到可控的水平之内，尽管中国过去40年成功地做到了这些。

挑战之一是居高不下的收入差距。中国收入分配的基尼系数从1983年的0.283一度上升至2008年的峰值0.491。虽然2008年之后中国的基尼系数7年连续下降至0.462，但这一数据仍然高于国际警戒线,更高于主要发达国家 0.24—0.36 的区间值,不仅如此,由于低收入者养老金收入增速放缓和以生产粮食为主业的农民收入下降,中国的基尼系数 2016 年又回升至 0.465。

20 年来,与居民收入差距相比,中国还面临严重的居民财产的差距。1988 年和 1995 年全国居民财产分配基尼系数分别为 0.34 和 0.4,小于那时的收入分配差距。而到 2010 年,中国居民财产分配基尼系数达到了 0.739 的峰值。

可见中国走向未来 30 年的道路并不平坦。如果依照过去的表现来推算,中国具有极大的可能在 2035 年进入高收入的国家行列,这意味着中国在未来 15—20 年要确保平均每年 5% 或更高的劳动生产率的增长。而上升过快的收入不均和财富的分化对于十九大绘制的和谐而美丽的蓝图而言是非常不利的潜在风险和妨碍因素。世界上绝大多数国家未能解决好增长与收入分配扩大之间的冲突。中国需要更加智慧地处理经济增长和收入分配不均这两个目标的冲突。

最后,也许有必要从人口学的视角展望一下 30 年后的中国。30 年后,即便中国能顺利实现中共十九大绘制的蓝图,进入到高收入和先进国家的行列,但似乎没有什么可以阻止中国在人口转变上的快速步伐。中国那时将极有可能变成一个严重老龄化的社会。

根据联合国发布的 2015 年修订版的世界人口展望报告预测,到 2050 年 36.5% 的中国人在 60 岁以上,人口老龄化程度高于多数发达国家。2015 年,有一半中国人的年龄小于 37 岁。但到 2050 年,尽管那时的总人口跟今天持平,约为13.8亿左右,但0—14岁的儿童人口比例将低至13.5%,仅比日本高一个百分点;人口年龄中位数将高达49.6岁,接近日本53.3岁的水平,而瑞典、英国、美国欧美国家依然才40岁出头。

2018 年

中国伟大的城市竞赛

2018 年 1 月 24 日

  一个值得关注并且有趣的现象正在中国的经济版图上上演。过去 5 年,东北地区——那里是石油、钢铁等基础产业的重镇——在停滞,人口在往外流失。而矿产资源富裕的河北、内蒙古等地也同样陷入困境。政府决心整顿过剩的产能和实施加大传统产业的重组政策,传统行业的收缩正在加速。

  这些年来经济增长褪去光彩的不仅仅是那些资源型行业与黑色金属等传统重工业领域,那些离超级大城市距离较远而又相对分散的地区,似乎机会也越来越少,经济不容乐观。

  实际上,这些正在衰退的产业和地区还只是中国范围更加广泛的经济结构变迁的一个缩影。北京城市实验室基于最近一次人口普查的研究显示,在中国 600 多个城市中,过去 10 年约有 1/3 的城市在收缩,也就是说,经济的转型不仅造成乡村的数量在快速减少,而且那些因经济停滞和人口流失而趋于收缩的小城市也不在少数。由于向新科技产业和现代服务业转型,过去 10 年中国经济的增长极不可阻挡地向一些大城市移动。这意味着高生产率的城市和产业依然是技能劳动力和生产性资本的吸铁石,大城市越来越成为中国经济的新的增长极。

那么,谁是中国经济转型的推动者?

为了回答这个问题,我们先看看在全球正变得耀眼无比的新型科技产业的表现吧。2018年1月在美国拉斯维加斯举办的一年一度的消费电子展(CES)上,来自中国的企业已经不可思议地占到了全部参展企业的40%,多达1 500多家,仅深圳一个城市就有500多家企业参展。这在5年前是不可想象的。以此类推,两年后,CES变成中国的消费电子展会,也许并不是个玩笑。

作为中国曾经设立的第一个经济特区,毗邻香港地区的深圳10多年前还面临被谁抛弃的质疑,如今已经成为中国最具科技创新活力的超级大城市。而就在过去3—5年,除了北京、上海和广州之外,这些年在新科技产业领域强势崛起的城市名单中还增加了杭州、苏州、南京、成都、重庆、天津、武汉、青岛、西安等二线的超大城市(也称为新一线城市)。它们正在转型成为ICT和新科技产业的前沿基地,使得中国在移动互联网、人工智能、智能汽车、无人机、机器人、VR和游戏、AR、智能家居、可穿戴设备制造等领域迅速崛起,成为全球领先的国家。

中国信息和新科技产业的崛起不过是增长极转移到那些大城市的直接结果,至少从目前的格局来看是如此。而大城市之间为转换增长动能而展开的锦标赛成为这些新技术产业扩张的催化剂。在中国,地方政府之间在经济发展上的竞赛由来已久,但如果不能近距离观察中国,不容易感受它的力量。

以中国的超级大都市上海为例,这几年对深圳和杭州在产业升级和经济活力上表现出的咄咄逼人的势头深感不安,不得不以加快建设"全球科创中心城市"的目标迎接挑战;而深圳 2017 年的 GDP 很有可能接近 2.2 万亿人民币,直逼上海,超越了香港和广州。可以想象,作为深圳所在的广东省的省会城市,广州的 GDP 被深圳超越,虽颓然叹气,也会有奋起直追的决心。

这是发生在中国城市之间的新一轮的竞赛,它将加速科技和人才资源向大城市聚集。在中国,地方政府之间在经济发展上的竞赛由来已久。它的存在是中国的地方官员受到自上而下政治激励的一个佐证。就短期而言,评估城市之间这种竞争在促进中国科技产业发展上的作用是复杂的,负面的影响也显而易见,但长期看,地区间政府的这种横向竞争总体上还是维护了市场的力量,驱使要素赶往生产率增长更快的地区和用途。这种竞争的总体效应趋于为正。

包括我在内的经济学家的研究发现,对于 20 世纪 90 年代之后中国经历的完成与全球产业链衔接的快速工业化进程,地方政府(特别是县市)间的标尺竞争立下汗马功劳。实际上,珠江三角洲和长江三角洲地区成为外商直接投资的目的地,制造业先后脱颖而出,均以县或县级市为推手,这是因为拥有土地支配权的恰是县级政府而不是省地级政府,而土地在早期工业化中扮演格外重要的角色。

这些年,鼓励科创企业落户和年轻人创业取代了过去对传统制造业的青睐,成为中国大城市政府的共识。受制于经济增长放慢和财政状况困境,地方政府因势利导,转向对经济增长新动能的鼓励,并制定吸引科技人才和科创企业落户的竞争性政策。竞争政策的范围从对创业企业的一揽子支持政策扩大到了广揽优秀人才的系列政策,包括个人的税收优惠、购房补贴,甚至为医疗和子女教育提供超乎想象的便利。包括上海在内的多个大城市的领导人最近频繁呼吁要真正改善当地的营商环境,均暗含这样的承诺。

观察当前的中国经济,即便在不少领域依然存在大量的资源错配现象,不可否认中国的一些大城市正在成为推动中国经济转型的主力,增长动能正从中小城市驱动转入大城市引导,包括科技创新产业和现代服务业在内的一些新领域在较短的时间里获得了令人瞩目的发展。

未来,这样的趋势预计会持续下来。十九大决定用增长质量取代数量作为发展目标,地方领导人接受考核的绩效势必与增长质量的内涵挂钩,而有质量的增长多数情况下是在生产要素向科技创新产业和现代服务业领域的聚集中实现的。这最终需要让大城市在地方经济发展中扮演重要的角色。

中国在超越 GDP 增长的目标

2018 年 3 月 28 日

众所周知,中国能保持高速的增长长达 40 年,地方各级政府是个重要的推手。虽然不适当的干预总是不可避免,但大多数情况下地方政府扮演了维护市场和保护企业家精神的角色,这包括推动基础设施的投资、降低官僚主义作风、创造良好的投资环境和为经济增长提供短期的支持性优惠政策等。

现在试想一下,如果地方政府不再像过去那么关注增长数字,整个经济将会有什么有趣的变化?至少在 2010 年之前,这个问题多半也是假想的。事实上,在过去 20 年来,即便大多数经济学家乐意批评地方政府太专注于当地的经济发展事务,也不会想到他们假如减少乃至放弃对经济发展的关注,将会如何影响中国经济增长的前景。

经济学家和政治学家们都认为,地方政府的所作所为可以用中国保留的以政绩导向的官员晋升规则来解释。在实行经济改革以后,经济的增长,或 GDP,是度量和比较官员政绩的重要尺子。为了获得领导的赏识并争取晋升机会,地方的官员为经济增长而竞赛,乃是典型的标尺竞争。

在李星等人(2014)的一项研究中发现,第一,受到政治科层制内的这个政治竞争的驱动,中国的地方官员会把中央政府的增长目标层层放大,而且层级越低的政府,其增长目标越高。第二,地方政府实际的增长率在绝大多数情况下会高于其设定的增长目标。换句话说尽管政绩是用实际的GDP增长率来度量的,但显然GDP增长目标在鼓励地方政府实现更高增长率方面具有明显的激励效应。

以第十一个五年计划时期(2001—2005)为例,根据李星等人的计算,在这五年间,省级增长目标的平均值是10.15%,比同期中央增长目标高出2.65个百分点,而五年间省级实际的平均增长率则高达13.07%,这要比中央定出的增长目标高出将近6个百分点。

但这一情况在过去五年已有变化。现在地方政府更愿意调低增长目标,而且之前的那种放大效应也趋于消失。根据我们对各省市的增长数据的整理发现,在过去五年,第一,地方政府设定的增长率目标开始逐渐靠拢了中央的增长目标;第二,地方实际增长率与其目标之差出现明显的收缩甚至变为负值的趋势。在2013年之后,东部沿海省份的实际增长率仅略高于其目标值,不再像之前10年那样可以高出3—4个百分点。而内陆更多省份的情况则是完不成其增长目标,东北三省和内蒙古更甚。地方完不成它们自己设定的目标增长率,假如不是偶然,这在过去也几乎是不可能发生的现象,但现在事实上也被允许了。

高增长率正在淡出中国地方官员的视野。在过去,高速经济增长是在一个具有单一目标的 M 型政府结构中实现的。由于地方政府官员在政治上受到中央鼓励参与增长竞赛,中央政府设定的增长目标实际上成为下限。这是因为面对中央对地方官员的政绩考核,地方政府会趋向于这样来理解中央设定增长目标的意图,因而趋于放大这一目标,并有动力完成较之更高的增长。这就是中国经济在 20 世纪 90 年代以来实现高速增长的机制。

2013 年后,中国决心改变地方政府官员的政绩观,力求大幅度降低 GDP 在评价地方官员表现中的权重。在去年召开的中共十九大上,中央提醒地方政府务必要关注增长质量而不是数量。地方官员深知,他们将面临多任务的目标,GDP 的增长在上级对下级绩效的考核中将不再具举足轻重的权重,反而要更加关注经济转型升级、科技创新、环保、脱贫以及防范金融风险等定性指标。

不可否认,这些定性指标并不容易衡量,官员面临的激励机制也将会从此变得不确定和复杂化。假如一个多任务的目标在激励和考核地方官员上要获得跟 GDP 增长目标同样的成功,并不容易。地方政府官员如何应对与适应绩效评估的这些根本性变化,那对未来十年中国经济发展前景将是个挑战,值得观察和研究。

中美贸易摩擦的中国机会

2018 年 5 月 28 日

过去两个月的话题几乎被中美贸易摩擦所主导。看起来，美国这次发起的针对中国的贸易战是对中国十多年来积累起来的不满和意见的一个集中宣泄。除了双边贸易不平衡之外，这些意见大概包括，中国入世以来的经济发展道路并非如美国所预期的那样，发展之迅速远超预期，经济规模直逼美国，构成竞争威胁；中国动用了国家力量和不公正的产业政策，对美国的投资和企业不公，但中国自己的企业实现了快速的技术进步，如此等等。

特朗普入主白宫以来，美国在战略上已视中国的崛起为竞争者而不再是经济伙伴。中国也知道，从今往后，美国对中国崛起势必百般阻挠。

是的，在20世纪80年代初，美国用类似的手法成功地遏制过它的盟友日本的发展势头。也用星球大战和军备竞赛搞垮过苏联的经济。不过，日本的过错在于应对之策的失误，这种失误让它失去了20年。日本的失误不仅仅在于宏观政策（特别是货币政策）的反应迟缓,而且还在于用自动限制出口来减少对美国居高不下的贸易盈余。出口限制而不是开放国内市场造成日本实体经济的空心化和对国内非贸易部门的过度保护,丧失了日后日本经济持续增长的动力。

今天的贸易模式跟那个时候已有所不同。双边贸易不平衡在今天全球生产链主导的贸易模式下显得是一个陈旧和过时的概念,尤其对于中国更是如此。中国目前从制造品出口中获得的附加价值远远比这个贸易盈余小得多。

过去 10 年间,中国对全球的经常账户顺差占 GDP 的比重从 2007 年的 10% 的峰值下降到了今天的 1.4% 左右——仅中国做到了如此快速的再平衡。但同一时期美国对全球的贸易不平衡并没有得到改善,显然主要不是其贸易伙伴的问题,而是美国政府长期以来的宏观政策没有真正改变——过低的国内储蓄率和过大的联邦财政赤字。而且可以预测,特朗普的减税和基建投资方案势必继续恶化美国的贸易赤字。

但特朗普当局的鹰派官员依然在用对付日本的那些手法强行要求中国减少对美贸易盈余,因为按双边贸易额计算,美国贸易赤字的 45% 来自中国——这一数字显然高得离谱。为了缓和与美国的贸易摩擦,中国已经表明,中国根本不会限制出口,但会愿意扩大进口并进一步开放国内市场。

中国在这个时候承诺扩大进口和进一步开放国内投资市场正逢其时,一石三鸟。首先,中国扩大进口和开放市场符合美国和欧洲很多国家一贯的诉求,也有助于消除国际商业界和金融界近来对中国收紧开放政策和市场准入的种种忧虑。

其次,扩大消费品进口符合中国经济转变增长方式的要求,也迎合了中国中产阶级消费升级和改善福利的趋势。在中美经贸磋商小组发表的联合声明中有这么一句话"为满足中国民众日益增长的消费需求以及高质量经济发展的需要,中国将显著增加对美国商品和服务的采购",可谓直言不讳。

现在每年约1亿人次的出境旅游,每年海外购物的花销几乎与中国消费品的进口额相当。这还不包括越来越多的网上海淘的购物。2017年中国货物进口额2万亿美元,但消费品进口额只占8.8%。由于消费品进口受到关税和非关税壁垒的限制,中国消费者每年花费几乎与消费品进口额一样多的钱到海外购物。而网上的海淘也获得蓬勃发展。给定中国的人均购买力和几亿人的中产阶级规模,扩大消费品进口有助于显著改善中国人的福利水平。习近平主席在去年的达沃斯论坛上承诺,中国未来5年将进口8万亿美元的商品。中国也一直希望并呼吁美国和欧洲在向中国出口高科技产品方面放松管制。

最后,投资市场对外的持续开放对中国走向高质量的发展阶段至关重要。即使中国的经济规模跟美国一样大,但由于其人均GDP只有美国的四分之一,中国在更广泛的制造业领域仍将享受竞争优势。尽管中国在制造业的很多领域已经快速提升其技术含量和附加值的比重,但总体而言,中国在全球生产链中依然处于低位。中国获得快速的技术进步在很大程度上也是得益于开放的直接投资市场。

中国毫无疑问会格外重视高新科技的研发和应用,也会在一些关键的技术领域加大研发投入,但中国不可能再回到 60 年前研发"两弹一星"时的封闭模式,只会更加鼓励企业和企业家精神,切实保护知识产权。在这次中兴事件发生之后,中国更坚定了开放国内市场的决心,同时也将加大中国资本向海外的直接投资。未来 5 年,中国希望有不低于 6 000 亿美元的直接投资到中国来,也鼓励约 7 500 亿美元的中国资本向海外直接投资。

中国计划今年 11 月 8 日在上海举办首届进口博览会,加快利用已有的 12 个自贸区平台推动消费品的进口。在投资领域,中国承诺五年后取消全部的汽车制造业领域的股比限制,允许外商成立独资企业——特斯拉很可能成为这个新政下的第一位受益者。在金融领域,中国已经宣布允许外资三年内持股比例可达 51%,并在之后取消对外资股权比例的限制。

制造业和金融领域的深度开放承诺要变成现实,需要国内更多的改革为兑现这些承诺扫清制度上的障碍。事实上,中国以往的经验表明,开放市场总是有助于加快推进国内的结构改革。

中国跟当年的日本不同,中国显然巧妙地和智慧地利用了美国发起的这次贸易争端,致力于增加进口和加快国内市场的开放与结构改革的节奏,而这正是未来高质量经济增长所必须要做的事。

对中国技术进步的误读

2018 年 7 月 30 日

作为经济增长最快的大国,中国科技进步的速度也同样令人赞叹。给定中国巨大的 GDP 总量,2.2%的国民收入用于科技研发当然是个不小的数字。但短期里中国要把研发密度提高至日本、韩国和以色列等科技创新强国的水平是不现实的,这起码需要 15—20 年的时间。投入是一方面,更重要的是研发投入的产出水平。在基础研究和科技创新能力方面,中国跟世界前沿的距离可能比大多数西方人想象的大得多。作为世界第二大经济体,中国拥有华为这样的极少数有国际竞争力的科技公司似乎也不足为怪。但在很多西方人的眼里,中国似乎已经在科技领域站上世界的前沿。美国经济学家拉里·萨默斯(Larry Summers)今年 3 月在北京举行的一个高端会议上曾经说,一个人均收入还只有美国 22%的国家,可以拥有世界最尖端的技术和技术公司,历史上极为罕见。拉里的这一看法极具代表性,他们把中国已经想象成了欧美主要科技强国面临的最可怕的竞争对手。不仅如此,他们相信中国在科技领域会遵循跟西方世界大相径庭的玩法,而且确信中国政府有能力使用产业政策确保科技创新成功。

我认为这些都是误读。基于这些误读,西方媒体神化了中国的技术创新水准。来自互联网和数字技术的革命正在转型中国经济,这或许是真的。但应该说中国经济的数字化进程是移动互联网驱动的新商业模式成功运用的结果,而非中国已拥有可与欧美比肩的尖端科技的证明。实际上,中国经济这些年的最大变化并不在制造领域,而是在消费领域。互联网和大数据正在改变的是中国人的消费模式和消费习惯。从某种意义上说,这是全球现象。中国所不同的地方在于其巨大的消费市场和金融监管的薄弱碰巧使得移动支付和商业的数字化在中国比世界其他地区落地更快。

这种发生在B2C上的商业革命不仅跟中国硬科技领域的发展状况不吻合,而且商业模式的这些变化也并非是国家产业政策成功的证明。在很大程度上,中国互联网经济的崛起是产业政策之外的产物。阿里巴巴和腾讯均不是国有企业,它们本在国家规划视野之外。

即使在制造业领域,国家的产业政策与私人企业之间的关系也相对松弛。如果说产业政策存在,那也只是在帮助降低企业进入新领域的成本方面做到了。政策的性质和执行效果远远不是西方想象的那么回事。西方不仅误解了中国政府产业政策的内容,而且严重高估了产业政策的作用。

中国经济学家的研究发现,产业规划政策——暂且认为这些政策确实在某一阶段存在——在阻止企业进入方面几乎作用不大,反而往往鼓励了过度的企业进入。这是它在中国广受批评的原因之一,但令人惊讶的是,西方反而把中国政府的产业政策对产业发展的规划效果说得神乎其神,尤其是针对"中国制造2025"。

以上这两个误读主导了西方媒体,也在西方的知识界和政府中拥有巨大的市场。这是不幸的。虽然中国在互联网经济和分享经济方面的发展成就可喜可贺,但中国要全面拥有硬科技方面的强大竞争力并不容易。硬科技水平的提升需要在基础研究和研发周期比较长的领域(如医药)有足够的时间和人力、财力的投入才行。这跟消费领域的商业模式的革新不同。中国科技目前的状况与其经济发展水平和其占发达国家人均收入的相对份额没有偏离太多。但作为一个大国,中国肯定会进步更快。

中国是一个学习能力极强的国家。在商业领域,中国企业在过去30年借助与跨国公司的合作机会获得了技术模仿和技术扩散的机会。但这还远远不够。商业领域的技术进步仅仅发生在微笑曲线的底部,核心技术的拥有者在产业链中抽取了来自中国企业的附加值的大部分。我最近在中国的眼镜制造之都——江苏丹阳——的访问加深了这个判断。一家加工制造最先进的渐进片眼镜的工厂,需要为它生产的每一副眼镜向美国的一个公司支付一个固定比例的专利费,因为这家企业并不拥有生产渐进片的算法软件。尽管这家工厂的生产技术非常先进,能制造出几乎任何国际品牌的眼镜,但它却依然要从美国购买作为核心技术的制造软件。同样道理,30年来,中国已经拥有生产汽车的先进能力,但中国厂商的生产线却都来自欧美的发达国家。这些案例完美地展现了中国工业技术发展的现状。

即使我们对持续的经济发展的前景充满乐观,中国要在技术方面取得日本的成就,也还是有较长的路要走,而在这方面,除了拥有充满创造性的人才和制度上确保对基础研究的充分长期激励之外,捷径似乎并不多。在科技方面,中国的学习能力要进一步转化为原创能力,对于保持技术领先,这是根本。在这方面,大学扮演极为重要的角色。大学不仅培养科技人才,而且从事基础研究。在产出的这两方面,中国的大学目前依然处在数量扩张的阶段,何时转入质量提升的新阶段对于中国成功站入科技强国的前列至关重要。但这需要时间和耐心。

理解中国治理改革的逻辑

2018年10月1日

中国五年前已决定把建立现代国家治理写入了改革纲领中,反映出中国的治理体制面临挑战,需要改变治理方式以适应经济规模的扩大和经济复杂度的提高,并有效管理风险。

总体上,中国迄今依旧是采取政治高度集中与经济权力分散到地方的组合来治理国家的。但要找到这种组合的稳定解并非易事。在计划经济时期,毛主席意识到对国有企业的管理权限下放到地方更有利于生产的增加。这在很大程度上是地方的势力高过中央的工业部,以至于纵向协调的成本过大。但权力下放总是很快导致经济的混乱以至于中央在分权后不久就不得不再回到集中控制,反反复复。

在1978年之后,为了推动经济的市场化,邓小平提出"放权让利"的思想,鼓励把更多的收税权让渡给地方政府以激励他们发展经济。在20世纪80年代,这一做法很见效。不过,中央很快就发现财政过度分权的风险。在分权的安排下,中央持有的收入增长越来越慢,中央财政收入的占比持续下降,影响到国家控制能力。但直至1993年改变过度分权的决心才最终下定。上收更多的税收权的安排终于取代之前的财政定额承包制。

但是,这个央地财政关系改革留下的一个遗产是,在地方政府的收入份额下降的同时,中央政府并没有校准地方政府之前承担的公共支出的份额。事实上,大约80%的支出依然由地方政府承担,该份额比其在全国收入中的份额高出差不多30%。换句话说,地方政府在支出责任上面临非常大的预算缺口。

按理说,地方跟上级讨价还价来减少所承担的过多开支,但这并没有发生。这是因为下级的领导人由上级提名和任命。而且从那时起,中央开始加强了对省级政府官员的管理。随后开始在官员任用机制里引入了基于经济绩效提拔官员到上级任职的考核工具。这一做法鼓励了地方政府开展类似于锦标赛的地区竞争。注意到这一点非常重要,它是理解中国治理体制的关键。

不过,要正确评价中国的治理并不容易,这是因为分权和竞争总是喜忧参半。调动地方官员的积极性有助于追逐并实现中央制定的增长目标。但中国的治理体制中还需默认地方政府为筹措资金和吸引投资落户本地而拥有更大的处置权力。地方官员为满足GDP增长考核指标而将资源分配到更容易产生形象工程的用途就是一个例证。是的,中国经济增长得益于其大规模物质基础设施的持续投资,但这一激励也常常鼓励了无效投资并威胁宏观经济的稳定。饱受批评的过度批租土地用于开发房地产市场的倾向也是被逼无奈,因为地方政府需要筹措更多预算外的资金来改善基础设施以吸引更多生产性投资落户。

评价中国治理的另一个难题是理解官员与商业活动之间复杂关系的逻辑。中国的官员能干并热衷对经济增长的推动,但也会与地方工商企业建立复杂而隐蔽的关系,两者之间存在关联。由于地方之间的锦标赛中仅有少数官员才能在竞赛中成功被提升官职,特别是在省一级,因而那些在竞赛中没有优势的地区和官员便可能会考虑更多追逐个人物质利益而不是被提拔。与此同时,那些隶属于地方管辖的工商业公司也希望建立与政府官员的联系而获得保护或在包括承包工程、获得贷款以及逃避规制与排放标准监管等方面能被网开一面,获得特权。

加州伯克利大学经济系的普兰纳布·巴丹(Pranab Bardhan)教授提供的数据显示,由于政治保护和与地方政府官员的关联,导致中国的煤矿死亡事故较高。而贾和聂(2015)利用1995—2005的省级面板数据的研究发现,矿难发生的概率跟官商勾结具有正向关系。大量政治关联企业的存在会妨碍市场上的公平竞争或阻碍更有效率的企业的进入。官商勾结也常常是低效投资与酿成宏观上的金融风险的主要根源。

是的,中国的经济分权从一开始就面临两难:在给予地方官员促进经济发展上的自由处置权的同时就面临官员腐败的风险。促进和帮助地方经济增长的官员总是面临来自本地工商企业的无数分享租金的机会。一旦上级的控制不得力,腐败就蔓延起来。而控制过强,短期又可能对经济增长产生负面影响。

腐败不利于经济增长,2013年后,中国加强了治党和对官员管理的力度,并发起反腐运动。过去几年,在反腐的高压之下,某些政府官员倾向于懒政并加剧官僚主义作风是原因之一。高层呼吁地方建立一个亲清的政商关系以减少官员腐败,但反腐运动也使某些官员促进地方经济增长的动力明显减弱。给定官员向上问责的体制,若不以GDP论英雄,则有助于降低地方官员面临的过度投资的激励,这是积极的进步;但不利的一面是,若GDP不再度量他们的相对表现,上级如何有效考评官员并实行有效的激励?

官员向上问责确保中央拥有控制风险蔓延的强大能力,特别是在防止债务和金融风险演变成全面危机的情况下更是表现突出。但鱼和熊掌不可兼得。尽管中国总是把经济和社会稳定置于最优先位置并厌恶风险,但对经济刹车的容忍也是有限度的。中国2013年提出要改革现有治理方式并向现代国家治理体制转型。这无疑是正确的方向。这就要改变官员过度依赖上级激励并引入向下问责的官员制度,但这需要重新评估市场经济风险的性质并改革现有管理方式。

中国是否应该拥有它的经济成功？

2018 年 11 月 30 日

  1947 年英国著名历史学家汤因比（Arnold Toynbee）在他的著作《文明考验》（*Civilization on Trial*）中曾预言，美国和苏联之外，已不可能再看到一个强国出现，哪怕中国和印度这两个人口大国也极不可能。事实证明汤因比的预言错了两处：第一，苏联解体了，苏联并不像他想象的那么强大；第二，中国经济正在崛起。中国用了 40 年的时间一跃成为世界第二大经济体，这超乎汤因比的想象。

  不过在当下，崛起中的中国经济正在遭遇来自头号经济体美国的攻击和技术钳制。问题来了，未来中国会不会像苏联那样倒下？或步日本的后尘，迎来失去的十年或二十年？

  要回答这个问题，首先要弄明白的是，中国这次成为美国特朗普政府挑起贸易摩擦和技术钳制的目标国家，并非因为中国是美国的敌人，而是因为美国首先改变了对全球化和中国经济崛起的观念。更具讽刺意味的是，今天就连美国自由主义的经济学家（包括 5 位诺贝尔经济学奖获得者）都改弦更张，反过来去质疑全球化，主张要保护美国。美国知识界的这一"气候变化"是不寻常和不可思议的,令人遗憾。至于美国优先的经济政策是否会将美国拖入歧途,想必令诸多美国的有识之士也深感不安。

那么,在此背景下,美国与中国的新摩擦是否真会成功抑制中国的经济崛起?答案取决于我们对中国过去经济崛起的解读。尽管各种非议和批评不绝于耳,但实在不可否认中国是在比同期绝大多数国家更开放的条件下成功推行结构改革和参与全球化进程中实现高速增长的国家。这与苏联不可同日而语。如果认为中国仅是想借助于控制汇率和一些政策优势以获取更多的出口和顺差,那就错了。要知道这么做对于中国这个大国而言也将会是灾难。尤其是考虑到过去 40 年中国经济的非凡表现和在最短的时间里实现了人类最剧烈的经济转型这个事实,中国的发展和开放战略在总体上就是相当正面的。

特朗普政府在指责中国对其维持较大贸易盈余的同时,全然忘记中国的贸易总量有多大,对世界经济有多重要。换句话说,中国不仅仅创造了出口与进口"之差",同时也创造了出口与进口"之和",为世界经济带来繁荣。单单看中国今天可以维持占 GDP 大约 60%的贸易额这一点来说,它的崛起就值得世人尊重而不是指责。

正是基于对中国的持久开放和深化改革的观察之上,2011 年,彼得森国际经济研究所(Peterson Institute for International Economics)资深研究员阿文德·萨布拉曼尼安(Arvind Subramanian)在他的著作中曾经保守地预测,未来 20 年中国的经济崛起和在全球经济中居主导地位是大概率事件。

那么,不断发酵的中美贸易摩擦是否真会改变这样的预测结果?该预测是否也会面临人们先前预测苏联时面临的同样尴尬呢?答案很简单,除非假设中国未来有重回命令经济的可能。事实上,阿文德为了使预测避免过于乐观,他有意识地要显得更加保守以考虑那些不测事件。而人们当年对苏联的看法却是极度乐观的,这部分来源于当时的国家干预主义和福利主义国家思潮的流行,又面对苏联的工业与军事高速扩张的事实,经济学家严重高估计划者管理经济的能力并忽略了以下事实:苏联有庞大的和计算机辅助的中央计划系统、有先进的科学研究,有丰富的自然资源和优良的人力资本,但苏联跟今天的中国极其不同,苏联没有市场制度、没有分权、没有竞争、没有货币激励、没有信息的横向扩散、没有企业家精神,也没有与发达经济之间的贸易和通过学习而获得技术进步的开放政策。随着经济变得越来越复杂以及庞大的官僚组织的本能膨胀,命令经济运转失灵的时间就为期不远了。事实是,中国拥有苏联不曾有的这一切。

再说日本经济。要做出中国会重蹈日本覆辙的大胆预测,必然是要无视中国的发展阶段和在劳动生产率上与日本的巨大落差这一事实。阿文德·萨布拉曼尼安曾明确提到,当年看好日本的预测要说有错,那就是大多数预测都忽略了一个重要事实,即日本经济在增长停滞之前从二战后算起已经增长了将近 40 年。在 1990 年,用 2005 年的美元购买力平价计算,日本的人均 GDP 已经达到了 26 000 美元,几乎赶上了美国 31 000 美元的水平,换句话说,日本在经济停滞前已经是世界上最富裕的国家之一,并且已经占到了全球技术的前沿面。考虑到这个常被人忽略的事实,再加上日本的人口老龄化特别严重,对储蓄率有显著的负面影响,日本经济在1990年代之后的增长降速显然是可以理解的。而中国今天还需要走完追赶前沿的较大距离。

假定中国继续保持市场开放和持续的结构改革,即便考虑到今天中美贸易摩擦的持续影响,把中国未来15年的平均增长率估计在5%以下,仍然缺乏足够有力的证据。实际上,阿文德的预测值5.5%的人均GDP增长率已经把中国未来(到2030年)的增长率比之前20年下调了40%。为了检验这个下调幅度在历史经验中是否还显得过于保守,他检查了在那些人均GDP达到美国的四分之一之后,其人均GDP增长率不低于(快于或接近于)之前20—30年的平均水平的经济体。在6个数据齐备的国家和地区(巴西、韩国、中国台湾地区、马来西亚、罗马尼亚和秘鲁)中有4个这样的经济,只有巴西下降了2.6个百分点,罗马尼亚下降的幅度更大些。尽管样本极小,但也说明与中国当前的阶段相似的国家和地区都依然能够保持较快增长的例子其实并不鲜见。即使这样,人们也会进一步质问,有什么理由相信中国经济的前景更像日本、马来西亚、韩国,而不是罗马尼亚、苏联和1980—2000年的巴西呢?

除了那些显而易见的原因之外,还因为中国在经济发展中应对冲击和不测的能力不容低估。耶鲁大学已故的著名经济学家古斯塔夫·拉尼斯(Gustav Ranis)教授1995年在总结东亚经济能够保持长期发展的成功经验时曾经指出："关键的和具有说服力的一点是,决策者持久的可塑性,总能在每个可以识别的增长转型的阶段上正对变化的需要而做出政策的改变。由于这个可塑性,整个系统得以避免失去动力并能在每个阶段的末尾重新驶入轨道……每 10 年有每 10 年的挑战,每 10 年政府都能做出政策的改变,用库兹涅茨的话来说,这些政策改变是为了适应而不是梗阻私人经济所要求的变化。要说发展的成功有什么秘诀的话,那就是避免思想僵化。这就要靠不断的政策改革,不断回应大量的分散决策者的呼声。"

这段话对于描述中国的情形真是太精彩了。在经历了为应对全球危机而实施的超常的货币刺激之后,中国领导人意识到全面反思增长模式和进行结构调整的时候已到。这显然需要巨大勇气来应对因结构调整而造成的经济减缓和痛苦。即使这样,外部的观察家如果认为中国还在努力坚持过去的模式以维持增长,那就错了。事实上,在这种情况下,中美贸易摩擦的冲击很可能强化了中国领导人扭转过去增长模式的决心,以更大的市场开放和结构改革来消除尚存的各种扭曲和缺乏效率的投资。因为说到底,中国要追赶上并建成先进国家的几代人的目标没有任何改变。

2019 年

为什么中国必须要减少储蓄？

2019 年 1 月 28 日

在发表于 1954 年的那篇著名文章《无限劳动供给条件下的经济发展》中，日后的诺贝尔经济学奖获得者亚瑟·刘易斯得出结论："经济发展理论的核心问题是要理解这样一个过程：一个经济体之前的储蓄与投资只占国民总收入的 4%、5%，甚至更少。但是后来，这个经济体的自愿储蓄率占到了其国民收入的 12%、15%，甚至更多。"刘易斯认为，这个变化过程就是经济发展理论的核心问题，因为经济发展的核心是快速的资本积累（包括知识与资本技能）。

刘易斯的见解与中国近几十年来以投资为主导的快速增长密切相关。但中国的增长基于过度的国民储蓄，而且这种储蓄率之高是亚瑟所不能想象的。现在这种高储蓄的发展模式已经变得愈发不平衡，风险似乎也越来越大。与刘易斯描述的过程恰恰相反，中国现在必须要想方设法降低储蓄率，转型经济发展模式，更多地依靠其庞大的国内消费规模来发展经济。

这将是一次重大转变。三四十年以来，中国一直依靠出口导向型工业化来维持经济的快速发展。与日本和其他快速增长的东亚经济体一样,中国成功地将国内的高储蓄用于出口导向型制造业的投资。而且随着中国的剩余劳动力持续不断地从农业向出口部门流动,中国的储蓄率持续增加。

与日本和其他东亚快速增长的小经济体一样,在制造业出口蓬勃发展的同时,包括电信和金融在内的国内服务和非贸易部门在中国受到高度保护和抑制,而且这种保护常常是一种过度保护。这种结构性不平衡的战略使劳动收入和国内消费占GDP的份额相对较低。这导致中国出现贸易顺差,这也使得贸易摩擦甚至贸易战发生的风险上升。

15年前,美国和其他西方主要国家开始要求中国减少贸易顺差。在这种压力之下,中国被迫大幅扩大国内基础设施和住房投资支出,并且让人民币升值,这使得中国的出口变得更加昂贵。结果,中国的贸易顺差不断下降,从十年前占GDP的约10%,到现在的接近平衡状态。

但中国为这种再平衡调整付出了沉重的代价。虽然基础设施投资的激增有助于消化过度储蓄,但过多的基础设施投资可能会导致宏观经济波动,以及"刀刃上"的脆弱增长,这就是正在发生的现象。在2008年全球金融危机爆发之前,中国经济就已经在不够健康的增长轨道上惊险前进。之后,信贷的加速扩张推动基础设施的大规模投资,并导致房地产市场创历史新高。

经过十多年持续不断增加国内投资,中国现在面临全要素生产率和资本回报的加速弱化。由于生产力的弱化，GDP增长正在放缓，并且几乎肯定不会回到以前的水平。而且，中国已经积累了巨大的宏观和信贷风险，这将限制未来投资增长的可能性。

所有这些都表明，中国近几十年来高储蓄、高投资的增长模式已经走不通了。正确的发展方式是降低中国的过度储蓄。日本未能采取类似措施，导致其资产价格泡沫最终在20世纪90年代初期崩溃。然而，即使是现在，中国似乎也没有意识到减少过度储蓄的紧迫性，尽管降低储蓄对中国的长期增长至关重要。

中国需要将其发展模式的重点从出口转移到13亿人口的巨大国内市场，这就需要中国向外国和国内个人投资者开放服务和非贸易部门以扩大供应。这些部门的生产率仍然相对较低。但中国在电信、医疗保健、社会保障、教育、娱乐、金融和保险领域拥有巨大的市场潜力。中国在移动互联网领域所释放的巨大购买力已表明，让这些行业有更多自由是一个明智的选择。

这样做会大大提高生产率，因为中国的国内市场规模足以容纳一个行业的众多竞争对手。而这又会创造可持续的就业机会，以弥补因出口导向型制造业的结构性转变而造成的失业。更重要的是，开放国内以市场为基础的非贸易部门将有助于催生巨大的消费需求并抑制过度储蓄，从而有助于提高投资回报率。

中国正处于经济发展的关键时期。几十年来，它成功地采用了小型东亚经济体的投资和出口导向型增长战略，而作为一个巨大国家的优势尚未得到充分利用。但随着这种不平衡模式的风险越来越明显,中国必须要更多地依赖其十几亿人的国内市场需求来实现增长,更少地依赖其出口的工业产能。这是管理国民储蓄的明智方式,也是赢得与美国任何一场贸易摩擦的关键。

过去10年中国的经济实力何以迅速增强？

2019年4月2日

2008以来的10年，中国可统计的经济规模增加了将近3倍，达90万亿元人民币，约合13.6万亿美元。2008年，日本的GDP几乎是中国的2倍，到了2016年，中国反而是日本的2.3倍，这些数字仅仅提醒我们中国经济实力在过去10年成倍扩大的事实，至于真实的规模，部分取决于我们的想象和推测的能力。

最直观的变化是中国人比之前任何时候都有钱了。过去10年里，中国史无前例地出现了以亿级计算的中产阶级消费者群体。根据已有的估计，这个数字在2亿—3亿人之间。按照5万至50万美元的净财富标准，根据西南财经大学中国家庭金融调查（CHFS）数据，2018年中国成年人口中，中产阶层所占比例约为20%，数量为2.04亿人，平均财富约为13.9万美元，所掌握的总财富也应为28.3万亿美元，超过美国和日本的16.8万亿美元和9.7万亿美元。而阿里巴巴研究院的数据估计，中国中产阶级的规模大概在3亿人左右。

不管怎样，中国已拥有居世界榜首的巨大规模的中产阶级人口，并且每年购买了全球70%的奢侈品，这是不争的事实。2008年之后的10年，中国也迅速成为世界上汽车销售量最大的国家。尽管人均汽车拥有量还仅及全球平均水平的一半，但自2009年起中国就连续超过美国成为世界上最大的汽车市场。2018年中国汽车的销量达2 800万辆，超出美国1 000万辆。2018年中国有1.5亿人出国旅游。当然，即使这样，中国还有将近9亿人从来没有坐过飞机。

这些突飞猛进的改变在10年前简直不可想象。尽管中国经济在之前维持了30年的高速增长，但相对于美国欧洲等少数发达经济，中国经济实力真正反转的分水岭则发生在2008年。

有意思的是，2008年那一年对于中国并不是好兆头。除了雷曼兄弟倒闭和全球金融危机的蔓延，中国国内的天灾人祸也接踵而来。这年年初中国华南地区经历了罕见的冰冻灾害，造成相当严重的经济伤害。5月12日发生汶川大地震，7万人丧失宝贵的生命。尽管8月北京成功举行了举世瞩目的奥运会，但10月份中国A股从上一年的6124点一直跌到1664点，成为中国股市开市以来最为严重的股灾。

但这一切并没有阻碍中国适时改变经济增长模式的决心。相反，在全球金融危机破坏性地冲击着大多数发达经济和新型市场经济体之际，中国看到是时候把经济发展的重心从持续的出口扩张战略中转移出来了。

中国把这种转变说成是对战略机遇期的把握。今天回头看，这个认知上的转变充满智慧。2013年，时任中央财经办公室主任的刘鹤先生在发表的"两次全球大危机的比较研究"一文中就坦言,"(两次全球大危机)比较研究的结论也可以告诉我们,我国所处战略机遇期的内涵发生的变化。从经济意义来说,在本次危机前,我国的战略机遇主要表现为海外市场扩张和国际资本流入,我国抓住机遇一举成为全球制造中心。本次危机发生后,全球进入了总需求不足和去杠杆化的漫长过程,我国的战略机遇则主要表现为国内市场对全球经济复苏的巨大拉动作用,和在发达国家呈现出的技术并购机会和基础设施投资机会。"

尽管 2008 年推出的大规模的内需刺激政策至今仍饱受争议,但没有它,今天的中国经济将是另一番图景。释放国内被抑制的巨大需求不仅让中国经济抵御了外部冲击,更重要的是,这一需求力量如此强大,可以说将中国的收入增长、经济规模的潜力发挥得淋漓尽致。

旨在升级和优化大规模基础设施网络的投资使通讯和轨道交通网络获得快速升级的机会。2008 年,除了在北京与邻近的天津之间建造了第一条时速 350 公里的高速铁路之外,中国人对高铁并无好感,而今天中国已拥有将近 3 万公里的高铁网络,去年有 20 亿人次乘坐高铁出行。地区之间更加密集的经济往来以及受到鼓励的城市化进程,让更大规模的人口进入城市,特别是大城市,极大释放了中国的消费能力。

不可否认,土地和房屋的估值也在这 10 年快速飙升,超过 10 倍以上的不动产价值的增长几乎同时发生在那些特大城市。虽说大规模的信贷扩张和沿海特大城市的房价曾面临风险并造成一些后来的问题，但客观地说，货币扩张总体上依然支持了收入和经济规模的迅速扩张。

有意思的是，在这期间得到更多扩张机会的并不是那些经受外部冲击的加工制造业，而是 10 年前还几乎不存在的新的商业形态。中国目前是全球电子商务和移动支付最发达的国家。2018 年，中国拥有超过 8 亿的网民，移动支付的规模约为 24 万亿美元，是美国的 160 倍。2008 年，入榜全球最大市值的中国公司还全然是国有的银行或石化公司，10 年后则被阿里与腾讯横空出世般地取代。也就是在 2008 年之后的 10 年，中国一跃成为拥有全球最具竞争力的互联网和高科技公司的国家之一。

这一切看上去很意外。即使那时候制造业提供了中国大多数的就业岗位，但 2008 年之后制造业的表现并不亮眼。相反，由于鼓励内需的政策和就业者货币工资超常的增长，它反而遭遇持续的危机和挑战。而互联网和互联网赋能的新科技公司的蓬勃发展起初并不是政府规划中的议题，更没有产业政策的支持。仅仅因为监管者并不能很好理解这些创新意味着什么以及会有什么样的前途，它们意外地成就了 2008 年之后的中国经济。

更重要的是，这种情形的出现几乎从根本上改变了中国经济的结构。尽管 GDP 的统计方法无法真实捕捉这一结构性的变化，但不可否认，今天中国的互联网和科技公司每年创造着数以千万的就业机会，成为过去 10 年中国最具活力的经济成分。

具有讽刺意味的是,经济学家对质疑中国的 GDP 数字比弄明白它的真实变化表现出更大的兴趣。前不久,布鲁金斯学会的研究报告说,中国这些年 GDP 被高估。可是经济学家当中又有多少真的怀疑过去 10 年中国经济的实力骤然上升到前所未有的水平并直逼美国这个现实呢?想必怀疑论者应是极少数。因此,我们真正需要弄清楚的是,中国经济怎样在 2008 年全球金融危机之后的 10 年跃上了它今天的能级。GDP 数据或许只是中国真实经济实力的一个代理量。

特朗普在中美贸易摩擦上对中国的失算

2019 年 6 月 3 日

在中美贸易谈判即将取得阶段性成果之际突然出现逆转,当然对任何人都不是好消息。美国急于求成,对中国要价超出现有底线,或是中国无法接受的原因。作为要挟,美国动用国家力量并通过给盟友施压联合对华为等中国高科技企业进行技术封锁,认为这样可以绑架中国。这大概是个失算。30 年前这样做对中国会是致命的,但今天中国早已融入全球产业链之中,对中国的要挟除了会扰乱全球生产链的格局,给全球经济和金融市场的未来蒙上阴影之外,大概也还会为华为和中国现有半导体科技企业联手加强合作提供更紧迫机会。

到目前为止,中国对美国做法还是相对克制。众所周知,在中美贸易摩擦中,即便中国在可施加关税的美国对华出口的规模上相对更小,但中国并非束手无策。事实上,除了可以在美国农产品、商用飞机等领域予以直接报复之外,中国还有更多的杀手锏。不过,中国不会感情用事地动用这些其他手段还击美国。这对全球市场是会更加不幸。中国已经高度融入全球经济和全球产业链中,中国拥有大量的外资企业包括美国企业,在一些环节中国还是全球大多数国家参与其中的中间品供应商的最大市场和终端产品的制造商。中国也是美国政府国债的最大债权人。另外,中国还拥有全球最为完备和极其发达的中高端制造和配套能力。出于对全球经济和金融稳定的考虑,中国的克制是有道理的。

但特朗普方面一直对中国存在误判。发动针对中国的贸易摩擦和不断提高的要价,除了临近的政治竞选的考虑——据说这就是主要原因,他的同僚非常自信地认为中国在贸易摩擦中后退的余地不大,中国经济有极大的概率出现硬着陆。事实上,中国政策可以调整的空间远大于美国,并且能够调整的领域不在少数,这包括可以动用储备、扩大货币供给、加强资本流动管理以及允许更加灵活的汇率政策,以减轻经济受到美国贸易摩擦的冲击。以汇率而言,如果中国容许人民币大幅度贬值,势将带动多国货币的竞争性贬值,直接冲击美元和国际货币体系的稳定。尽管最近人民币确实对美元已有贬值压力,但中国央行最近强调希望保持汇率稳定,这符合长远利益。

与美国不同,中国会小心行事,并会在短期实施应对性措施——即便是应对贸易摩擦所需要的——与长期目标之间进行权衡。即便未来5年中美贸易摩擦和中美科技冲突将继续发酵,也不大可能让中国在已经确定的方向上向后退。中国要的是持续的增长和经济实力的继续提升,所以中国继续推动结构性改革和不断开放国内市场的承诺不会反悔。美国在希望看到中国转变其经济体制方面过于咄咄逼人和急于求成，不仅没有看到中国在过去多年为经济再平衡和推动结构变革所做出的努力和付出的代价，而且也不符合中国在处理结构改革和开放领域方面长期秉持的谨小慎微的方式。这种谨慎方式多数是出于对国家整体性和社会稳定的考虑。

与很多人的猜测相反，我认为贸易摩擦并不会从根本上动摇、甚至改变中国在谋求更开放的国内市场和推动结构改革目标上的决心。这是因为：第一，中国不认为全球化会出现逆转。这不仅因为中国是全球化的受益者，也因为全球经济也是中国经济的受益者，未来更是如此。第二，中国依然相信美国是世界上最大的先进国家并是自由市场经济的坚定信奉者与捍卫者。持续偏离自由市场经济和滥用国家权力于私人经济活动将严重伤害美国的社会基础并威胁美国的自由资本主义制度。第三，中国不希望把与美国谈判并愿意达成协议的大门彻底关上。

也有看法认为美国发起的贸易摩擦很可能在迫使中国考虑与美国脱钩，至少在一些关键和敏感的领域是这样。中国应该不会为这一"脱钩"制定目标和时间表，但减少对美国的部分依赖是个趋势。美国的技术钳制和封锁让中国看到了自己拥有关键核心技术的重要性，中国肯定更加坚信并会致力于加快一些核心技术和敏感领域的发展步伐。

但即使这样，过去 40 年中国经济崛起所塑造的全球产业链也不可能在未来被轻易改变。作为在芯片和大多数高端技术产品领域全球最重要的生产者与一个拥有十几亿人口的客户，中国在全球产业链中的这一地位难以被取代。仅仅因为这一点,中国就无须另起炉灶,在科技领域闭关锁国。相反,中国的科技追赶也要求中国在知识产权保护、鼓励和加大基础研究、技术创新和企业家精神以及建设更有效的资本市场制度等方面推进更快的结构改革而不是倒退到冷战时期的苏联模式。中国已经充分看到资本市场在促进技术创新方面的主要作用,而在上海证券交易所设立科创板更是明智之举。可以期待,中国会高度重视科创板的发展并将鼓励更市场化的原则。

中美贸易不平衡是结构性的,人为施压让中国单方增加进口来解决这个问题是个过于天真和鲁莽的想法。中国希望逐步、分阶段来处理这个问题的想法值得尊重。这也需要美国的配合和努力,特别是美国也同样要放松针对中国的出口与来自中国投资的限制。中美如能就这一问题及其时间表达成协议,是结束贸易摩擦的最理想做法。

未来中美经济的较量仍将持续,大国冲突依然可以避免。两国在过去40年并没有取得双方彻底的互信,但这并没有阻碍两国的贸易增长和美国公司在华的直接投资。而且中美在教育、文化等多方面的交流也超出互信可以解释的范围。这得益于中美在管理两国政治关系方面的大国智慧和双方在处理全球事务和治理中的担当与责任。中国与美国相距遥远,但全球的气候变化、核危机、恐怖主义、地区安全、贫困、金融市场稳定等,都是全球治理面临的挑战。政治家们如能在管理中美关系上有更长远的视野和大国智慧,两国的合作对应对全球挑战和全球治理的改善就是福音。

国家资本主义不能用来解释中国的成功

2019 年 8 月 7 日

过去 10 年,中国在互联网、通讯、交通以及科技领域取得的成就让世界刮目相看,特别是高铁网络的快速形成,让西方发达国家大跌眼镜。也许是缘于政治体制的表象,外界总是把中国经济的成功误解为践行国家资本主义模式的结果——如果国家资本主义确实可行的话。拥有巨大资产份额的国有经济,制定广泛的产业规划和支持政策,以及强大的国家力量,这些很容易被视为中国经济成功的关键。

不过,这种看法仅流于表面。中国的经济成功远非国家资本主义模式所能概括。即使过去 10 年国家力量在经济活动中有所加强,也未必已经形成稳固不变的模式。中国拥有独特的政党体制,而它有长久的发展目标。这一点反而决定了中国的经济体制维持了其必要的弹性,以在不得不改变其模式时做出改变,确保经济不长期偏离发展轨道。

因为这样,过去 40 年间,尽管中途时有磕绊,但中国总体上还是在推动经济自由化和结构改革方面做出了巨大的努力,这才是中国经济成功的真正原因。而中国能做得到这些,表明其在指导思想上并不接纳并力图避免国家资本主义模式。

自推行改革和开放国门的政策以来,中国一直在向西方先进国家的汲取经验和有效的制度,无论是现代公司治理和金融市场,还是宏观管理的工具箱,均无例外。不可否认,在与中国恢复正常关系之后长达40年的时间里,美国版的资本主义在中国的影响极其深远,非其他国家所能比肩,尤其是在知识界和商业精英领域。多少年来,中国的主流精英和政治领导人亦清楚懂得,进一步推行尚未完成的结构改革和更全面的市场开放对于经济未来的成功至关重要,也因为这样,他们从未拒绝接纳全球最佳实践成为中国经济改革和市场开放的标杆。

政府的执行力(execution)在中国经济成功中当然很重要。中国这方面的表现优于大多数发展中和经济转型的国家。这源于中国保存完好的国家力量,为的是维护国家多民族统一为一个整体。在实行改革开放政策和经济自由化之后,中国的政治依然将维护社会稳定和政治秩序置于优先地位。中国在教育、科研、医疗以及基础设施等方面远远比大多数发展中国家做得好,国家力量和政治秩序是重要前提。中国经济成功的关键还在于,几十年来中国的政治允许并鼓励地方的试验、学习和自下而上的体制创新活动。邓小平推行改革之后,中央政府把经济发展的权力下沉到各级地方政府,并推行了向下的财政分权,而分权产生了竞争。也是这种向地区分权的体制让中国的治理体系在经济上具有了活力。这也是中国经济持续变革的动力。

没有这种事实上的经济活力以及中国的体制对底层企业家精神和创新活动的接纳，中国不可能抓住机会成功地在经济上快速追赶，不可能有今天的华为、阿里巴巴、腾讯和平安。过去10年间，越来越多的中国硬科技和金融科技的公司纷纷出现，让人刮目相看。与那些基于垄断地位的国有企业不同，这些由企业家创造的公司拥有巨大的创造力并向全球型公司发展。值得一提的是，一家在深圳成立不过9年的小米集团，成为《财富》2019年世界500强中最年轻的企业。而正是从这个体制的底层不断崛起的公司塑造了今天中国经济的繁荣和全球的竞争力。这已不是传统的自上而下的产业政策所能解释的现象。

认识中国经济过去40年成功发展的经验是非常必要的，不仅因为它作为一个现象还未能真正被理解，但同时也告诫和提醒中国自身，中国作为一个拥有强大执行力和有作为的国家，即便业已成为国力雄厚的经济体，在未来保持一个开放、学习、鼓励、包容企业家精神与底层创新活动的经济体制依然至关重要。

面对已有的经济成就，中国依然要清醒认识到，距离一个公平自由的市场经济，还有相当的距离。任重而道远，不得松懈，不然就会半途而废，甚至不进则退。中国古人云：行百里者半九十。

这些年中国似乎已接受了经济增速减缓的现实，但不可否认增长的减缓有结构性的原因。这是需要正视和加以解决的重要问题，尤其需要加快结构性改革来防止在经济减缓时出现"国进民退"和资源错配。要更多地开放而不是挤压私人经济活动的空间,保护企业家一如既往的创新热情,也要看到分权和维持开放竞争的巨大好处,同时要按照已定的行动计划加快改革国家治理方式,建立现代治理体系来适应向更公平和自由的市场经济体制的转型。只有这样,中国在现有的经济发展水平之上才有望成功敲开走进先进而富裕国家的大门。

中国如何实现"百年目标"？

2019 年 10 月 14 日

中国成为先进的富强国家的目标时间设定在 2049 年，这一年是新中国成立 100 年。这意味着中国要为未来 30 年的经济发展寻找到确定的道路。作为未来旅行的第一步，中国需要看清楚经济在过去 40 年的成功靠了什么，更要弄明白这个经验和模式未来是否还管用。

过去 40 年的中国经济增长模式毫无疑问是成功的，它在出口和收入上取得了连续数十年的超常的增长，作为一个巨大的国家，这是不多见的。由于快速的经济发展，中国的城市化率从 1978 年的 18%上升至 2016 年的 57%，平均每年新增了 1 000 多万的城市人口。得益于快速的经济发展，中国的贫困人口规模从 1985 年的 1.25 亿人下降至 2016 年的 5 000 万人，中国对全球减贫的贡献率超过 70%。到明年，中国将宣布全面消除贫困。

中国过去 40 年经济发展的成功是建立在吸取之前 30 年的教训并纠正错误政策之上的。过去，不切实际和违反自身比较优势的发展模式让中国丧失了作为后来者可以通过贸易和投资更多学习先行者技术的机会。从50年代后期不断的政治运动,更是对经济活动造成持续的冲击。1977年年底,根据当时国家计委的估计,之前十年造成的国民收入损失约为5 000亿元人民币。这个数字相当于新中国成立30年间全部基本建设投资的80%,超过了新中国成立30年全国固定资产的总和。更重要的是,那30年尽管中国在极少数尖端科学等方面依然取得成就,但它并没有让普通中国人摆脱普遍的贫困。85%的中国人生活在与城市隔离的农村,很多人解决不了温饱。到1978年,中国的人均收入水平连撒哈拉沙漠以南非洲国家平均收入的1/3都没有达到,差不多84%的人口生活在每天1.25美元的国际贫困线之下。为了解决吃饭问题,邓小平极力倡导一切要"实事求是"。据说,"实事求是"这四个字来自刻在那个拥有千年学府之美誉的岳麓书院大门上的。

从这个起点开始,邓小平决心放弃不切实际的赶超战略,向更加务实的发展模式转变,加之推行市场化的改革和对外开放,中国在过去40年里逐步走上了一条靠出口引领的快速工业化轨道。创造条件并鼓励利用外资来带动那些拥有潜在比较优势的部门,让更多的劳动力参与其中,将其快速转变成有全球竞争优势的领先部门,实现了小步快跑的持续的结构变化、资本积累和生产率增长。在此过程中,中国努力改革其经济体制来适应增长和结构的变化,并制定一系列行之有效的政策把中国从一个相对封闭的经济转变成在制造业上具有全球竞争优势的开放经济。

把中国取得的经济成就归因于过去 40 年的改革和开放当然是对的。但是，作为工业化的后来者，它真正的成功之处在于把握住了向先行工业化国家和先进经济体的学习机会，并利用这些机会来充分挖掘其作为后来者的优势，快速推动本土的工业化和经济转型。这使得中国即便作为一个大国，仍然拥有了超常的贸易依存度。根据世界银行的统计，在 1975—1979 年间，中国贸易依存度是有记载的 120 个经济体中最低的，而到 1990—1994 年，这一比例上升至 36%，到 2007 年超过 60%。

对经济学家而言，一个拥有近 14 亿人口的大国有这么高的贸易依存度的确是不寻常的现象。实际上，中国较高的贸易依存度反映了由外商直接投资主导的加工贸易比重较高的事实。在中国经济高速增长的大多数时间里，由在华外商直接投资企业主导的加工贸易占了中国贸易额的一大半。而贸易过度依赖 FDI 的现象在印度和东亚其他高成长经济体中未曾有过。而且跟在东亚新兴工业化经济体中流行本土企业的"进料加工"不同，由于本土企业技术装备落后并缺乏足够的技能，在中国设立深圳特区和整个珠江三角洲地区的加工出口中，至少在 20 世纪 80 年代多为"来料加工"，甚至设备也由外商提供，本土企业仅赚取微薄的加工费。一直到进入 90 年代之后，进料加工在中国出口中的比重才慢慢高过来料加工。

这个现象有助于说明中国在经济起飞之初愿为学习先行者的技术和经验而付出学费的决心。在那时，依然存在着诸多制度不适应和对私人企业的金融歧视，限制了中国本土企业参与国际生产的能力。如果不是"过度"利用外资,中国那时不可能逾越这一障碍参与到全球链条中。所以也许应该把中国过度利用外资视为中国参与全球价值链的一个次优解。

这个不断积累资本、经验和技能的学习过程在 20 世纪 90 年代之后显然被加快了。由于上海浦东的开发和长江三角洲地区的开放,中国在政策和法律上加强了对外商直接投资的鼓励,本土企业被鼓励与外国公司组建合资企业。这一做法不仅促进了加工出口,而且借助于来自中国香港地区、中国台湾地区、日本、韩国和欧美发达国家和地区持续的在华投资,中国更快地参与到了全球生产链中。正是由于本土企业在学习中的进步,尽管加工出口依然占据中国出口的半壁江山,但进料加工开始逐步取代来料加工的地位,使中国从所谓的血汗工厂(sweatshop)快速走向了全球的制造业中心。中国在参与全球化中所获得的快速的技术进步和产业升级的事实还可以从以下变化中得到反映,即过去 15 年,中国的制造业出口对外资的依赖已经显著减弱了。

就在大约 2010 年当中国的 GDP 总量超过日本而居全球第二的时候,中国经济的增速也开始放缓直至今日。放缓如此持久,是自 1978 年中国进入快速增长时期以来从未有过的。观察中国劳动年龄人口份额的变化(巧合的是,这一份额的下降也发生在 2010 年)以及诸多出口品的全球份额的峰值,加之制造业增加值在 GDP 中业已达到极高的比重,完全有理由判断这个增长放缓是长期的现象,它提醒,即便全球经济格局稳定,由于向高收入国家的收敛以及学习效应的显著减弱,中国经济也不可能继续维持之前的增长势头。

过去这些年中国已经在努力做出政策调整以应对经济的长期放缓。首先是承认未来的中低速增长趋势并下调未来的增长目标以避免误判;其次是控制信贷增长速度,抑制资产部门的膨胀,防止债务和金融风险发展到不可收拾;还有就是鼓励互联网经济等新兴业态的发展,创造新的就业以弥补传统就业的萎缩。在2018年初中美贸易摩擦升级之后,中国领导人更强烈地认识到发展科技企业的紧迫性并加快了资本市场和金融市场的开放进程。

但这些还不够。未来30年,中国需要真正转变其增长模式以把收入增长潜力的释放与国内巨大的需求市场衔接起来。为此,中国不仅需要把生活在城市的人口规模扩大2亿—2.5亿人,更重要的是鼓励人口自由流动以确保更多的人口聚集到那些交通便利和经济更发达的大都市和都市群中。这是中国未来经济发展的一个巨大空间优势。

让国内市场更多支撑经济增长的另一个途径是更多开放市场准入。提升服务业的竞争力并对经济增长有更大贡献的最有效方式是让受保护的服务业向市场投资者开放。这对于被排斥在准入门槛之外的中国民间企业尤为重要。在很多服务业领域,中国仅承诺向外资的开放还是不够的,还要真正确保竞争中性原则得到履行以使本土民间企业受到公正的待遇。

不仅仅在金融、通讯、运输等服务业,民间企业受到的无形歧视在制造业同样存在。过去10年中国本土民间资本的设备投资意愿下降显著。其结果是,更多的政府投资项目和更多的国有企业受到鼓励,从而更多的信贷流入生产率过低的部门,不仅恶化了投资的回报率,而且让金融体系变得脆弱。这必然为放缓的经济增长增加巨大的风险。

过去40年,中国出口引导的增长模式之所以能成功,不仅因为作为出口主力军的中国民间企业善于学习,而且它们在全球主要市场上不受市场歧视和限制,这也是民间企业更多选择为出口而生产的原因。未来30年,中国经济的发展要寄托于国内巨大的市场规模潜能,政府就必须扫清那些阻碍民间企业扩张的制度障碍,给予本土民间企业家充分的创业、创新与融资自由,更大的市场准入。这是中国未来增长从模仿、跟从到自主创新转变的关键。以此而言,中国必须清醒地认识到重启结构改革对实现百年目标的迫切性,更不能低估公平对待民间企业家所可能释放的创造性能量。

中国为什么不能轻视经济放缓

2019 年 12 月 30 日

即便 6% 的增长率能让中国经济每年的增量超过 25 年前的 GDP 总量——这是很多评论家面对经济降速时习惯拿出来安慰自己的一个理由——但这仍会使中国的人均收入的增长速度大大慢于之前。

中国很可能在 2019 年看到过去 20 年来最低的 GDP 增长率。这个可能性让一些经济学家开始担忧明年的风险到底会有多大。由于增长显著放缓，在中国，来自企业家和商业界的抱怨和悲观情绪到处可见，地方政府的财政状况已捉襟见肘，但仍将面临越来越困难的财政形势。有人断言，"2019 年可能是未来十年最好的一年"。

有意思的是，最近一段时间，中国的经济学家对于这一局面是否值得担忧，仍然分歧严重。大多数经济学家坚持认为 6% 已经是其增长潜力的上限，未来不可能维持这个水平。这个看法得到较多人的认同，那是因为中国缓慢的结构改革让他们相信未来强劲的增长不可能在现有的体制中发生,除非更加分散化和自由化的经济活动被允许。这意味着更多的经济决策需要由市场上的企业家和银行家而不是政府做出。是的,中国要解决长期结构性的问题刻不容缓。不过,这并不意味着眼下的状况可以置若罔闻。

事实上,熟悉情况的观察家应该知道,中国经济的现状并不是意料之中的。就在2011年,它的GDP增长率还保持了9.6%,但最近已经减缓到了6%。这当中到底发生了什么?

先举个例子。今年以来中国各城市的猪肉零售价格涨了3—4倍,推动了中国的CPI。在很多人看来,这简直不可思议,除非猪的饲养数量持续减少。出于对环保的问责,地方政府官员趋于选择关闭农民的分散养猪场。实际上,过去这些年,因为自上而下的环保达标和对空气质量的要求,制造业的中小企业大多数也受到来自政府的压力而关闭。在北京及周边地区,人们常以雾霾发生率来判断政府政策的改变。

这正是中国面临的政策和政府治理问题。这些年来,中国倡导环保和可持续发展的思想会被地方政府的政策制定者们加以量化并层层分解到下一级政府中,成为指令性计划。要知道,中国的治理体系有助长和放大这一做法的趋势。我们最近的一项研究发现,上级对下级环保指标的考核会使地方官员在推动经济增长上变得保守,会制定并满足于更低而不是更高的GDP增长目标。

在处理金融风险方面体现得更为典型。2016年以来,尽管货币政策表面上保持中性的基调,但中国对债务的担忧被地方政府的政策制定者们很快转变成去杠杆政策并迅速在银行和金融部门演变成信贷收缩行动。这一行动造成经济中的流动性大规模抽出,实体经济中大量的投融资活动(包括房地产)受到冲击,私人企业尤甚。其结果,虽信贷超常扩张现象得到控制,但由于名义 GDP 增速迅速弱化,中国的 M2/GDP 的比重并无逆转趋势。有意思的是,数年前,在全球金融危机爆发之初,这些企业曾被指令要求必须接受来自银行给予的更多信贷。

政策影响到投资者的预期和信心。而不断调整的投资意愿正在让中国经济增长的引擎减缓,这看上去要比债务拖累严重多了。最近,那些大名鼎鼎的互联网公司,也在裁员。给定中国经济长期存在明显的结构性问题——体现在政府治理中特有的政商关系中,这些短期的政策非但没有缓解,反而可能强化这些结构问题。显而易见的是,无论是环保政策还是严厉的去杠杆政策,国有企业影响较小,而私人企业受到冲击较大。

所以,那些会产生紧缩效应的结构调整政策在事实上并不能达到有效改善结构的目的,反而更多影响到大量的私人企业和市场的信心。而往往较为宽松的宏观政策,尽管可能导致信贷与债务的增长和宏观不稳定,但经济可保持较好的增长纪录。

或许不会有最优的和两全其美的政策组合,但次优的政策看来是要偏向宽松的,因为即使有某种错配现象,但毕竟更有效率的那些经济活动在宽松的货币和财政条件下才可能维持下来。也只有在这样的环境下,政治上对旨在纠正错配现象的结构改革风险的承受能力才能提高并获得社会更多支持。中国不仅需要有结构改革的紧迫感,也需要知道改革推动所需要的宏观条件。

2020 年

新冠肺炎疫情对中国经济的影响

2020 年 2 月 10 日

疫情正在放慢中国经济的脚步。以零售、旅游、交通运输和酒店为代表的服务业经受了沉重的打击，而服务业占了中国 GDP 的一半以上。这部分也会冲击到制造业和贸易领域。国际社会对中国疫情的担忧对于中国的贸易和人员往来会有些影响。但说到底这都不过是疫情冲击的一部分。问题是，我们相信中国的新冠肺炎疫情会持续很久吗？

我的答案是否定的。虽然自 2003 年 SARS 疫情以来中国的治理体系在信息透明和决策模式上暴露出的问题饱受诟病并有待改革，但中国毫无疑问在资源动员方面拥有无与伦比的能力以应对突发事件。过去的两周内，我们已经看到中国政府高效地采取了一级突发事件应对措施，局面很快得到控制。除了在全国范围内（包括军方）调动医生和医疗资源加强重点医院排查和收治病人的能力之外，更重要的是，从 1 月 20 日起宣布全民进入防控时刻并在全国范围内识别和医学观察那些有武汉旅行史的人员。

而且，在非常短的时间里，中国的城市社区、街道和乡村都加强了进出管制以减少不必要的人口流动和聚集的机会，甚至通过临时配给制有序发放口罩到每个家庭和个人。原计划的春节假期结束日被延长，学校开学被要求推迟。这一切让人们暴露于疫情发展高峰期的机会降到了最低，对防止病毒传染的蔓延正在发挥有效的作用。

最近的数据有迹象显示，尽管疫情还在发展中，但被感染人数的增长很可能不久将下降。人们正在期待疫情"拐点"的出现。

现在评估这次新冠肺炎疫情对中国经济的影响程度似乎还为时过早。看上去，疫情的暴发已经对经济活动造成不小的影响，特别是对服务业、交通运输、建筑业和中小微企业的生存构成极大威胁。不过，总体来说，决定公共卫生突发事件对一国经济短期影响大小的，最主要不是事件的严重程度和范围，而是事件的持续时间。持续时间越短，经济增长有望恢复得越快。防控疫情的措施越严厉（如居家隔离、限制出行、停运一些交通工具、推迟开工、开学和取消公共性集会活动等），对当期经济活动的负面影响就越大，但这也会缩短疫情冲击的时间。

无论理论上还是经验上看，经济增长的中长期趋势不会因为外部冲击而发生实质性改变。公共疫情事件只会短暂影响经济增速短期放缓，暂时偏离已有的趋势，疫情结束后，政策调整及时和得当，增长会反弹并恢复到原有的趋势上来。

例如，在估计2003年SARS疫情对当年中国经济的影响时，当时大多数经济学家和研究机构都估计SARS冲击可能让二季度GDP增速下降 20%，这会使得当年 GDP 增速下降的幅度约在 0.5 个百分点之内，相对有限。这些估计是考虑到受 SARS 影响的地区和行业范围相对有限，而且当时推测疫情持续的时间不太会大于三个月。从事后来看，统计上显示，仅第二季度 GDP 增长率出现 2 个百分点的下降（约占季度 GDP 增长率的 20%）。但那时中国经济的趋势性增长率高达 10%，短暂的疫情冲击很快被后来强劲的增长势头对冲掉。所以你如果观察年度 GDP 增长数字在 2002—2007 间的时序图，其实看不到 SARS 爆发对 GDP 增长趋势的影响，看到的是增长加速的趋势线。

在估计这次疫情对中国经济的短期影响时，疫情持续的时间仍然是个关键假设。时间越短越好。这次新冠疫情波及的范围虽然已超过 SARS，但根据目前疾控专家和数据推断，疫情在未来 2 周内出现拐点应该是大概率事件。如果那样，这意味着中国应该能够在第一季度之内总体结束这场阻击战。这对于减轻疫情对 2020 年经济的影响至关重要。

虽然中国经济的增长趋势减缓，但如果中国能在恰当时机对财政和货币政策做出定向的调整，特别是向在控制疫情时受到严重影响的中小企业及服务业倾斜，更多利用差别性信贷政策和财政补贴与减免税收的手段加以扶持，依旧能确保经济在疫情之后保持恢复其增长的能力。

眼下最重要的是打好疫情阻击战，争取拐点在两周内如期出现，这样中国就能把这最艰苦的疫情阻击战赢在第一季度内，为第二季度的经济恢复和全年可预期的经济反弹性增长留出空间。

我初步估计,给定现在的情况,最坏的情形是,今年第一季度GDP增长会出现较大幅度的下降,比如下降30%—50%,这意味着当季GDP增速实际降低大约2%—3%。如果第二季度情况好转,这个下降态势部分会由第二季度的反弹性增长对冲掉。应该说,随着有利于增长恢复的宏观政策调整到位,下半年起,经济增长会有加快的趋势。考虑全年的情况,只要不再出现外部的其他冲击,持续的政策调整应该能保证GDP增长率的下降幅度维持在0.5—1个百分点之内,也就是GDP实际增长率保持在5%—5.5%。这似乎也符合中国经济趋势性增长水平。

疫情难改中国与世界的经济关系

2020 年 4 月 7 日

  鉴于大多数国家的隔离举措让消费和生产活动不得不按下暂停键,疫情引发较 2008 年更为惨烈的全球经济衰退已成定局,问题在于这场衰退是否旷日持久。美国和欧洲的经济都将因应对举措缓慢和混乱而损失惨重,而且看起来很多国家将不可能很快从这场衰退中恢复过来。我国为这场疫情导致的危机所付出的代价已经远超于 2008 年,美国正在动用超乎想象的量化宽松和大规模财政刺激政策来应对正在来临的经济衰退,但全球的衰退依然不可阻止。

  就算未来数月疫情将被控制,多数经济体已经付出的代价也将惊人。一些国家的政府许诺将为家庭、企业和金融机构承担一部分代价以阻止经济的崩溃,但它们现有的公共债务水平并不允许那些不惜代价的行为。但即便这样,它们只是在力图避免事情发展到不可收拾,而无法阻止经济的衰退。更何况大多数国家根本没有能力在所承受的债务水平之上增加过多。即使它们能做到更多,为挽救这场危机的冒险行为仍会日后为更为漫长的经济萧条埋下种子。

更糟糕的是,疫情让多数国家选择了彼此封闭,有些甚至相互指责,而不是携手应对共同的挑战。回望 2008 年的全球危机,没有中美密切联手以及中国及时推出经济增长的大规模刺激计划,世界经济的复苏还将假以时日。但这一次很不幸,国际合作在这次疫情大危机中显得非常不够。甚至有人评论说,美国在这次疫情中的表现也未能通过全球领导力的测试。这次疫情也加剧了中美的紧张关系。在中国疫情暴发的初期,美国政界的一些人开始污名化中国。《福布斯》杂志甚至断言,危机之后,没有人愿意继续维持全球供应链过度依赖中国的现状。

这些狭隘的行动于疫情在全球蔓延之后变得具有讽刺意味,而且在很大程度上削弱了全球主要经济体合作应对危机的意愿和能力。那些孤立中国或减少对中国依赖是解决全球危机的断言过于短视,没有看到中国是全球危机解决方案的重要参与者和制定者。

说疫情会加速全球供应链脱离中国并不让人信服。中国拥有的发达的制造和配套能力,很难理解供应链离开中国将意味着什么。实际上,过去 10 年有大量的低端制造业投资转移到了中国的邻近国家,但这并没有削弱中国在全球供应链中的地位,而是让中国更快地在复杂技术供应链上占据越来越重要的位置。过去生产服装、鞋子和组装电子产品的长三角和广东地区现在已经成为很多高科技产品的研发和生产中心。

即便区域化和多样化的供应链有助于降低其脆弱性,但事实是,中国在电子产品、汽车制造、机械设备和装备制造等领域拥有成本和效率的绝对领先优势,在可预见的未来很难被撼动。更何况自从 2003 年的 SARS 危机以来的 17 年,随着中国更多依靠国内需求驱动经济增长,全球对中国的经济依赖不是下降了,而是在持续增加,已悄悄超过中国对全球经济的依赖。我相信疫情与其说会让全球减少对中国的经济依赖,不如说将再次强化这种依赖。

现在的局面很清楚,尽管中国在 1—2 月遭遇疫情的巨大冲击,但由于控制得力,中国仍会是最可能在全球衰退中把握机会实现快速恢复和持续增长的国家,而且全球对中国的经济依赖不可能因疫情而减少。

中国的机会来自其更早地控制了疫情这一事实。中国政府决定在全国实施的阻隔政策非常有效,为中国在全球疫情蔓延之前有效控制疫情赢得了宝贵时间。这个时间差让中国与全球经济处在一个非常不同的盘面上。不可否认,全面的自我隔离政策几乎使中国经济"停摆"一个月,预计第一季度的 GDP 可能下降 8%—10%,但从 3 月中旬开始,中国在为复工复产而努力以确保供应链的稳定和经济活动恢复正常。当下,欧美还在为疫情蔓延忙得焦头烂额的时候,保守估计,中国七八成以上的经济活动已恢复正常。这使得中国在时间上错开了因欧美的市场恐慌和股灾可能连累的股市动荡。时间上占优和稳健的金融使得政府可以更加从容来确保经济活动和供应链恢复到正常状态。

到目前为止,中国央行的货币政策也显得较为从容,即便政府正在为经济恢复而支付更多的补贴和减免税收,也几乎没有改变财政赤字占 GDP 不到 3% 的事实。鉴于隔离举措阻碍了经济的运转,因此这次跟 2008 年全球危机时的应对举措不同,中国政府明确表示以就业和经济恢复为优先选项,而未必急于再实施超大规模投资刺激的计划。中国当然可以提出新的投资计划并放松数年来受到严格执行的购房限制以刺激国内更大的需求,但前提是这样做确有必要。事实上,疫情对中国业已确定的基建计划(包括建设特高压电网、智慧能源和城际高速铁路网项目和以 5G、AI、工业互联网和物联网为代表的新型基础设施)影响有限。这意味着中国很可能在致力于修复受疫情干扰的经济活动的同时,会加快已有投资计划的执行。

值得关注的是,中国在建设信息数字化和智能化的基础设施项目上雄心勃勃,目的是在未来数年确保中国在 5G、大数据、人工智能、物联网和工业互联网领域处于全球先进的地位。事实是,中国是推动全球数字经济和人工智能发展的主要力量之一。中国的技术发展只会强化中国在全球技术价值链上的融合趋势而不是相反。认识到这一点非常重要,美国优先和对中国技术脱钩的危险未必放慢中国与全球之间的技术流动。

在全球化遭遇逆流之时,中国领导人把中国未来的经济发展更多地与开放市场相联系。这种理念顺应了全球化并将加深中国与全球经济的深度融合。将使中国进一步融入全球经济而不是相反,将创造更多的全球贸易、投资和增长。疫情的全球冲击显示出抵制全球化的思维多么短视和不合时宜。

简言之,全球经济,特别是发达经济体,要在疫情的严重冲击和经济衰退中复苏,中国仍是一个重要的帮手。疫情不会改变中国正在加快开放服务业并成为发达经济和新兴市场国家出口目的地的事实,但会让这个巨大的市场开放变得更为迫切和更具吸引力。

为什么中国经济规模会持续扩大？

2020 年 6 月 24 日

很多国家应对新冠肺炎疫情蔓延而采取的封国之策，让全球经济因供应链中断而处于几乎瘫痪之中。但这并非供应链的错，也不像很多人臆断的那样，分散的全球生产链是非常脆弱的。真正脆弱的是人们对于全球化的信念。由于过分担心全球制造业对中国的依赖，旨在孤立中国的所谓本国优先的言论甚嚣尘上，美国甚至威胁在技术链上要与中国脱钩以阻止中国持续的经济发展。

不可否认，对中国日益扩大的经济规模的担忧正在支配美国乃至更多西方国家针对中国的贸易和投资政策。但那种假定中国的持续发展越来越依赖其对全球自由贸易体系的善用，甚至认为切断技术供应将置中国经济于死地的想法未免言过其实。事实上，尽管今天中国在全球制造业中的地位依然举足轻重，但至少在过去 10 年，国内巨大的投资市场和超级购买力才是其经济发展的真正支柱。深耕国内巨大市场的结果便是，中国在过去 10 年迅速成为拥有科技企业数量最多的国家之一。

中国经济的重力已在偏离那个所谓"外部大循环"的轨道,向内转移。但其意义至今尚未给予足够的评价和充分的理解。原因之一是,经济学家们过去这些年的讨论转移了人们的注意力,因为他们一直对中国过去执行多年的投资扩张政策持批评态度,并对这些政策导致的潜在债务风险忧心忡忡。这就无法引导人们正确看待中国试图移动其经济重力的合理性。其结果,包括美国在内的很多国家的政治家们依旧习惯于用全球贸易数据和供应链理论理解中国的经济发展,而且我们看到,所有对中国的指责和抱怨均以限制中国的出口或限制向中国的技术出口为结局。换句话说,根据技术供应链的理论,阻止中国经济扩张的最直接手段是阻断中国经济所依赖的这个"外部大循环"。

确实,迄今为止中国算得上是经济全球化的受益者之一。经济学家们一直把中国经济的成功发展归结于全球自由贸易体系对中国的接纳。实际上,在2001年正式成为WTO成员之前,借助于香港地区和台湾地区在全球制造业链条中的特殊地位,中国的改革领导人就试图通过兴办经济特区和鼓励加工出口希望将中国纳入全球生产网络之中。事实证明,香港地区的角色举足轻重,因为四个早先的特区中,只有与香港地区地理位置接近的深圳特区日后脱颖而出。

在1980年代后期,主张充分利用全球供应链的一个叫"国际大循环"的工业化战略令人鼓舞。所谓国际大循环,是主张中国要主动利用国际市场和供应链而不是立足国内市场来实现快速的工业化和资本积累。根据这个战略的意图,中国应该发挥丰富且廉价的劳动力的相对优势,充分利用来自国际的原材料和零部件,经组装成最终消费品后再出口到国际市场。中国人把这个想法说成"两头在外"。

不过,这么多年来,当经济学家们在使用全球供应链的理论揭示中国经济成功的秘诀时,中国实际上已在试图减少对这个"外部大循环"的过度依赖了。其原因不仅是进入21世纪不久就遭遇与美国不断升级的贸易摩擦,也是因为经济规模的扩张需要克服结构不平衡的羁绊。为了矫正经济不平衡并扩张国内的需求,中国至少在2005年之后的10年保持了人民币兑美元的升值,并基于加入WTO的承诺,开始向外国公司有节奏地开放进入国内市场的许可,这不仅包括以更自由的贸易条件扩大货物类进口,特别是中间产品和资本品,也准许外资进入中国的金融市场等服务类或非贸易行业领域。在不断增加设立的自由贸易区里,国际标准的投资便利化和资本跨境流动得到极大鼓励。

与此同时,为了实现经济重力的转移,从依赖外循环战略转向依赖内循环战略来推动经济持续发展,中国在过去15年平均以20%以上的速度对其高速公路、铁路、机场和港口等交通运输网络进行持续投资,提升和扩张其能力。21世纪以来,中国鼓励和支持信息和通讯基础设施网络的大规模建设,允许并支持私人企业在移动支付、电商、物联网、智慧制造和城市大脑等数字化的新经济领域大显身手,造就了包括阿里、腾讯、京东等为代表的一大批中国本土的国际化科技公司。众所周知,中国政府今年已决定启动大规模针对以5G基站为代表的新型基础设施的新一轮投资计划。

特别要提到的是,2008年全球金融危机严重冲击西方经济,更给了中国加快转移经济重力的机会。开发更紧密联系的国内市场并促进国内大循环的重要性日益上升。过去10年,中国奇迹般地在经济版图上建设起了超过3.5万公里的高速铁路网络。

不仅如此,为推动经济重力的转移,中国积极推动以区域融合为目标的国内市场重整战略,不仅通过启动建设雄安新区来分解北京的非首都功能,而且推动加快京津冀经济圈、长三角的一体化、粤港澳大湾区的形成以及为包括16个重要城市的长江经济带更紧密的合作创造条件。中国西南地区两个最重要的经济中心,即四川的省会成都与长江上游的中心城市重庆被鼓励要通过更多的合作创造出"双城经济圈"以带动的更大的市场效应。从中国的西部和西南部开通的通往欧洲的货运铁路以及向南打通的"陆海新通道",不仅有助于提升中国内地的经济能量,也将有助于稳定全球供应链。

即便经济重心内移,在未来20年中国也不可能孤立于全球技术供应链,更不会闭关锁国,相反,中国仍将是全球贸易和投资体系的参与者及贡献者,并将因开放更大的和更有效的国内市场而更紧密地与世界经济联系在一起,通过改善与全球的贸易不平衡更有力地支持和推进全球化。全球化是重要的,因为它大大促进了信息、技术、学术和思想的充分交流,每个国家都难以真正抗拒。中国的经济发展重力转移到国内所产生的内循环力量必将创造更大的市场规模,给予企业更多的技术创新机会,并在鼓励全球技术流动中更好作为。以为强制一些企业与中国技术脱钩就可以轻而易举阻止中国经济发展的想法过于天真。中国转向以创造更大的国内需求来推动经济发展的努力将会为中国本土企业更快的扩张和国际化提供更大的机会，当然也为全球的投资者和跨国企业创造难以视而不见的机会，必然有利于全球经济增长。因此，在对待中国问题上，看不到中国的这个重力转变为全球投资者创造的机会和经济规模扩大之必然，都将是鼠目寸光。

中国快速向数字经济转型

2020 年 9 月 7 日

毫无疑问,中国为应对新冠疫情付出了巨大代价。由于实行全面的阻隔政策,往日的大规模人口流动被叫停,经济活动几乎停摆了两个月。随着二季度阻隔政策的撤销,经济得到部分恢复。不过,明显的事实是,因疫情冲击而倒下的大量工商个体经济活动难以较快恢复,尤其是服务部门。

但这并不是中国经济进入长期衰退的开始,正相反,它的经济韧性表现明显。疫情发生以来,数字经济的应用场景乘势走进中国人的生活,势不可挡。家庭使用京东、美团、饿了么、拼多多等手机应用购买粮油蔬菜和生活必需品;政府、企业和教育机构使用腾讯会议、哔哩哔哩、钉钉、企业微信等开展在线会议、网课教学和协同办公;数亿中国人用手机展示健康码出门旅行或出入公共场所。这正是中国经济正在发生的强势变化。疫情虽让中国经济付出了代价,但经济向数字化转型的进程得以意外提速。

在因疫情而居家隔离的情形下,校园和办公室被关闭,但中国的各类学校和教育机构仅用一个月的时间即转型到线上教学。这一急速转变在供给端催生了中国线上会议和教育数字平台的巨大发展。各种网络会议、直播教学、远程办公、线上面试、签约、会展甚至网络会诊等悄然成风,成为新的经济业态。

腾讯会议是总部在深圳的腾讯云旗下的音视频会议产品,上线不足9个月,已经成为中国使用最多的视频会议应用,它在疫情期间提供免费并可容纳300人的线上会议,投入的计算资源超过100万核,创下中国云计算历史记录。而企业和社会组织在疫情期间在钉钉上发起在线会议的数量最高时单日突破2 000万场、超1亿人次。

今天要是在中国各地旅行,出入机场和酒店,需要在手机上出示"健康码"。它是基于个人真实的大数据在手机上生成的属于个人的二维码,可以追踪自己过去14天旅行记录,以显示是否去过疫情严重地区的信息。健康码今年2月由杭州的阿里技术团队和地方政府合作开发,但很快覆盖至全国各地。而且,健康码的应用场景非常广泛,可协助政府、社会团体以及企业、学校与服务机构进行防疫管理及疫情控制。

在过去的半年,中国医疗健康行业也因疫情加速了数字化变革。得益于中国遍布城乡的发达的快递系统,中国家庭的线上购药相当普及。数字化的变革希望更是集中在诊疗方面。基于5G网络的远程会诊平台这次在收治新冠肺炎感染者密集的武汉的主要医院发挥了重要作用,利用与北京医疗专家的视频会诊,大大提高病例诊断和救治的效果。但这还只是医疗数字化的开始。可以预计,随着中国

5G 网络的普及,诊疗的数字化渗透率将大幅度提升,远程会诊和远程直播将得到广泛应用。考虑到医疗资源分布的区域不平衡,这一点对更合理地满足中国家庭的医疗需求尤其重要。

看到了科技在医疗健康领域的潜力巨大,中国越来越多的科技公司致力推动 AI 技术在医疗领域的应用和医疗的数字化转型。中国平安集团的"平安好医生"名声大噪,华为云推出的医疗智能体(EIhealth)AI 研发平台,用于病毒基因组研究、抗毒药物研发和抗疫医疗影像研究分析,加速了抗疫药物研发和病毒检测速度。中国官方媒体报告说,疫情期间,众多一线医院近一个月的 CT 拍摄量已达到与去年全年相当,这显然得益于 AI 辅助筛查技术的应用。

数字化转型在中国的金融领域同样超乎想象。大数据、云计算、人工智能和分布式计算架构技术赋能传统的商业银行,创造出前所未有的应用场景和识别能力,为小微企业和家庭提供融资服务的能力大大改善。过去小微企业基于信用的融资可谓步履维艰,而现在,仅蚂蚁金服(Ant Financial)这样的基于金融科技公司借助于支付宝(Alipay)和网商银行(My Bank)每年累计服务小微工商客户就超过 1 600 万户,提供融资高达 2 万亿元人民币。

不仅金融科技公司持续扩张,中国商业银行业的数字化转型也相当耀眼。基于大数据服务商极光(URORA)提供的信息,2020 年 3 月按照客群规模的排行,中国的手机银行 App 用户位列短视频和综合商城之后,居第三位,用户达到 5.62 亿人。包括工商银行和建设银行在内的中国几家最大的商业银行的手机银行月活跃用户

(monthly active user 或 MAU)平均都高达 5 000 千万人。

中国信息通信研究院发布的研究报告《中国数字经济发展与就业白皮书(2019)》显示,过去几年,中国的数字经济以远高于 GDP 的名义增长速度在实现快速扩张。2018 年中国数字经济的规模达到 31.3 万亿元人民币(相当于 4.73 万亿美元),约占 GDP 的 34.8%,这个数字虽然还只有美国的三分之一,但中国经济数字化的增长趋势不可小觑。事实上,这些年中国 GDP 增长中的约三分之二可以归功于数字经济的扩张。这一趋势与国家统计局更新的国民经济核算数据基本一致。

经济数字化和平台化在中国创造了非凡的就业机会,越来越多的年轻人希望成为依赖数字平台的独立职业者——这是一种崭新的零工经济(gig economy)。因为劳动力市场变得越来越有弹性,这些年来虽然中国的 GDP 增速在放缓,但城镇的失业率依然未有明显上升,说明数字经济的扩张显著提升了中国经济吸纳就业的能力。根据中国信息通信研究院的数据,2018 年中国数字经济领域的就业岗位为 1.91 亿个,占当年总就业人数的四分之一,同比增长 11.5%,显著高于同期全国总就业规模增速。

过去 10 年,尽管中国在一些关键核心技术领域还相对落后是事实,但一大批中国自己的科技公司致力于在 5G、量子通信、语音识别、超级计算机等前沿科技领域的研究和应用,这无疑推动了中国经济的数字化转型进程。中国在移动支付、共享经济、在线购物、机器人制造等领域获得强劲发展势头,成为新的经济增长源,这毋庸置疑。现在看来,在全球范围内,今年中国极有可能是唯一经济能够实现正增长的经济体,经济的数字化转型当然立下汗马功劳。中国政府已明确提出未来 5 年要加大对"新基建"的投资,加快 5G 网络、数据中心等新型基础设施建设的步伐。那样的话,将会更大程度上推动中国经济的结构转变。

双城记：上海与深圳如何影响中国未来？

2020 年 11 月 23 日

今年 10 月 14 日，中国国家主席习近平到深圳为经济特区迎来 40 周岁祝贺并发表演讲，而一个月之后，在上海举行的庆祝浦东新区成立 30 周年的大会上，习近平主席又亲临现场发表讲话，足见这两个城市在未来中国经济发展中无可取代的重要地位。

很多年来，成功的大城市很容易被放在一起比照。在中国的超大城市中，过去上海经常被拿来和北京比照，现在深圳和上海又成为"双城记"而受到高度关注，因为这两个超大城市将影响中国经济的未来。20 世纪 80 年代，当时还在英国剑桥读书的现港大教授龚启圣（James Kai-sing Kung）写了一篇文章，文章质疑中国为何要把经济特区选址在广东南部一个不起眼的小地方深圳？他说，兴办特区如果是为了更好实行开放的政策和推动中国的经济发展，应该选择当时的重要经济中心城市如上海或者天津才对。对中国政府的那个举动，他只能给出这样一个猜测，那就是兴办特区应该是有政治目的的。

40年过去了,我们现在再看深圳和香港地区的关系,是当时任何人都不能预料的。我一直在找一张能从空中看深圳和香港地区的图片,最近终于找到了。照片显示的河道就是深圳河,河的北侧是深圳特区的福田区,南侧是香港地区的新界。有意思的是,从照片上看,深圳这边的经济非常发达,有漂亮的口岸,也有鳞次栉比的高楼大厦,但是河南岸的香港地区新界却显得很荒凉。

这样的现象其实很普遍。如果你拍一张美国得克萨斯州与墨西哥交界处的照片,然后拿照片让很多路人辨识一下哪边是美国,哪边是墨西哥。我相信90%的人都认为照片中看起来很繁华的一边应该是美国,但实际情况刚好相反。美国与墨西哥交界地区,很荒凉的一边恰恰是在美国德州境内。而在墨西哥境内靠近美国一边,反而人口和经济活动相当密集。

经济学家可以把这个现象叫"边界堆积"(urban pileup)。就是说,如果边界一侧是落后的地方,它就希望把更多的资源堆放在靠近发达一侧的边界旁,目的是能够接近来自发达一方溢出的好处。举例来说,中国江苏省跟上海交界的苏南地区就比苏北地区发达的多,因为苏南接近更发达的上海。

现在看,答案很清楚。40年前邓小平先生要在深圳这个地方搞特区是因为香港地区那时是个"好邻居",香港地区发达的经济和金融对与它交界的深圳有很强的外溢性。将经济特区设在紧邻香港地区的深圳,在经济策略上显然是个正确的选择。因为有非常成功的香港地区做伴,深圳的崛起大获成功。

跟深圳在粤港澳大湾区的独立角色不同,地理位置决定了上海的功能不仅在于它面向世界的开放,更在于其向内巨大的辐射力,因为上海是长三角乃至整个长江经济带的龙头。

30年过去了,浦东新区的发展加固了上海在中国经济中绝对的领先地位,上海也已成为长三角名副其实的龙头。因为上海的经济转型和结构变化,长三角地区的经济联系更加紧密和一体化。过去10多年,长三角地区经济的发展又带动整个长江经济带朝向更加融合的发展趋势。现在整个长江经济带的经济总量占到中国的46%。也就是说,中国将近一半的经济流量是在长江经济带的九省两市创造的。可以说,整个长江经济带就是中国经济的发展轴。

我们再看深圳。深圳的经济总量很快要达到3万亿元人民币,估计那时广东省的经济总量将三分天下(深圳、广州和其余城市)。而深圳所在的粤港澳湾区的经济总量已是中国经济的13%。换句话说,粤港澳湾区与整个长江经济带贡献了中国经济的60%的体量。所以,讨论中国经济的未来,无论如何都不可能绕开上海和深圳这两个举足轻重的超级城市。

尽管都相当重要,但上海与深圳两个城市的角色依旧不同。表面上看,上海像一个成年人,但很优雅,而深圳还是个年轻人,活力四射。在这表面的背后是两个城市不同的经济构成与角色的差异。上海除保留了传统的装备制造业之外,正在转向一个以金融、贸易和现代服务业主导的超级经济中心,而深圳却是不折不扣的中国的"硅谷"。在过去20年中,深圳的硬科技产业发展远超上海,包括华为、腾讯、平安、大疆、比亚迪、顺丰等在内的数十家全球著名的公司都集中在深圳。尽管如此，就综合实力而言，上海依然稳居中国经济发展的最大的领先城市地位。

中国经济的未来走势会告诉我们，深圳不可能是另一个上海，也不应成为一个平庸的城市。因为即便在政治上，中国也需要深圳这个技术实验室走在创新的最前沿，成为改革创新的样板或试验田。

上海则不一样。它一直被赋予太多的国家战略担当，因为在经济开放及与全球金融和贸易的联系方面，中国确实需要有上海的存在。中国经济的发展轴也离不开上海这个龙头。

毫无疑问，中国未来的经济发展，上海和深圳当然是两个重要的引擎。将上海更快地融入与发达的长三角地区的一体化中去，将更有力地拉动长江经济带，而推动深圳与香港地区更紧密的融合发展更是势在必行。

2021 年

为什么拜登需要考虑放弃特朗普与华对抗的幻想？

2021 年 1 月 14 日

对美国当选总统拜登而言，特朗普政府与中国签署的第一阶段经贸协议（phase one deal）很可能不是财富，而是包袱。

2020 年 12 月，拜登接受《纽约时报》采访时虽然表示他不会立刻取消对中国商品的进口加征关税，也不会改变第一阶段协议。但实际上，他也认为全面评估美国与中国签署的既有协议，并与美国在亚洲和欧洲的传统盟友共同协商，是当务之急。

这说明，拜登认识到有必要评估和反思特朗普政府对华所采取的对抗性贸易政策。这也可以从他任命戴琪（Katherine Tai）作为下任美国贸易代表的做法上略见一斑。戴琪是美籍华裔，会讲流利的普通话。

对拜登而言，如果不放弃特朗普抱有的对中国持续单边制裁和对抗的幻想，要对中美达成的第一阶段协议做出全面评估是不可能的。显而易见的事实是，虽然第一阶段协议在 2019 年 12 月签署后暂时缓和了美中两国关于知识产权、技术转让、农业、金融服务以及货币和汇率的分歧,但是美中贸易的紧张态势迄今却并没有停歇的迹象。

当地时间 2020 年 12 月 18 日,美国商务部又将 59 家中国企业或个人列入出口管制实体清单。这是自 2018 年以来美国发起的第 11 轮对华实体制裁,受制裁中国企业总数达到 350 家,这也让中国成为世界上受美国实体清单制裁企业数量最多的国家。

更为严重的是,特朗普的这一做法使美国的对华贸易政策变得自相矛盾。美国既扩大对中国企业的制裁规模——客观上这必然降低中国市场对美国商品的依赖,又要求中国完成第一阶段协议规定的采购美国商品和服务的目标,加深两国的经贸关系。这让第一阶段协议的目标实现与美中贸易对抗不断深化的现实严重相悖。

正因为如此,大部分美中贸易商品仍然在承受这种高税率压力。在这种高税率压力下,中国采购美国商品的规模已经不可能达到第一阶段协议的目标值。

在中国对美出口品总额中,被美国加征关税商品所占份额在两年前还微不足道,但到现在已占 7 成之多。相应地,在美国对华出口商品总额中,被中国加征关税商品所占份额也从 2018 年 2 月的约 2% 增长到 2020 年 2 月的一半以上。这意味着,既然有超过三分之二的中国对美出口商品和超过半数的美国对华出口品仍然受加征关税的惩罚,那么在第一阶段协议下,美中无法形成可持续的公平贸易,反而出现了时刻可能破裂的危险贸易。

这涉及一个悖论。分析一下彼得森国际经济研究所(PIIE)的"美中第一阶段协议追踪"数据库提供的美国对华出口商品额累计值,我们可以看到,第一阶段协议覆盖的美国对华出口商品额累计值从2020年1月开始就没有达到理论目标值。并且,到10月份,美国对华出口实际上只完成了目标值的57%,这表明实际值对目标值的缺口越来越大了。按此路径,要求中国在2020年余下两个月补足余下的43%进口目标是不可能的。

要知道,中国的非国有企业,包括在华外商投资企业,贡献了从美进口需求的接近8成。在这么高的关税下,这些市场主体的进口意愿必然大减。为完成采购目标,即便中国或许可能依靠国有企业来扩大进口,但这会在中美两国之间制造很多新的麻烦。

另一个麻烦是,为满足采购美货的要求,中国会减少本来对其他贸易伙伴的需求,挤出它们的对华出口。这意味着,在第一阶段协议之前,享受同样最惠国待遇的情况下,美国对其他贸易伙伴没有绝对优势。然而,第一阶段协议实质上赋予美国进入中国市场并扩大其份额的特权,这是对其他贸易伙伴的歧视,导致它们对美国处于劣势。

这种情况下,美国的这个做法无疑让第一阶段协议开启了潘多拉的魔盒。在其他贸易伙伴看来,该协议无视WTO所维护的非歧视性原则。由此,其他贸易伙伴更可能学习美国做法,尝试与中国建立新的贸易协定,以确保它们在对华贸易上享有与美国同等的最惠国待遇。这解释了为什么欧盟急于加速与中国《双边投资协定》(BIA)

的谈判并取得成功,也让东盟 10 国选择在上月和中、日、韩、澳大利亚和新西兰共同签署《区域全面经济伙伴关系协定》(RCEP)的意图得到了解释。

是的,拜登不应低估 RCEP 对美中贸易的长期冲击作用。虽然 RCEP 没有采用像美墨加一样的高标准劳工和环保标准,但是它将中国资本与东盟 10 国的劳动力联系起来,还让中国市场扩大了对来自澳大利亚和新西兰的农产品和能源出口的需求,更间接地在中日韩这三个全球最重要的制造业国家(所谓铁三角)间形成了自贸区,由此巩固了东北亚和西太平洋地区的区域供应链体系。

毫无疑问,随着中国强化与其他贸易伙伴的供应链关系,美国正在丧失越来越多的战略筹码,而单边制裁措施也与美国所追求的对华政策目标日益矛盾。

即将入主白宫的拜登政府需要反思对抗性的单边贸易做法给美中贸易,尤其是给美国自身带来的打击,还应接受中国在全球供应链中所起到的核心作用的事实,更应在基于非歧视性原则的贸易竞争中与中国谋求广泛和深入的合作。考虑到中国也正积极考虑加入全面与进步跨太平洋伙伴关系协定,拜登不妨抓住机会,重启对话,与中国一起努力推动新的全球贸易格局的建立。

中国的低生育率危机

2021 年 3 月 23 日

长期的历史经验显示,人口是一个典型的慢变量。不过,对于东亚经济,特别是日本、韩国和中国,人口从过快增长到下降的转变,极具戏剧性。

中国在计划经济时期一度被人口的膨胀所困扰。1957 年,曾在美国哥伦比亚大学获得博士学位的经济学家马寅初(1882—1982)发表《新人口论》,警告关注人口过快增长问题,主张把生育纳入计划经济中。虽然他因此受到不公正的批判,但中国领导人还是采纳了他的意见,推行计划生育政策,决定要求一对夫妇只生一个孩子以控制人口过快的增长。1982 年为了长期控制人口增长,计划生育还被确定为基本国策并写入《宪法》。

自那以后的 30 年,中国的出生率滑向低谷。中国的出生率从 20 世纪 60—70 年代的最高值处——总生育率接近 6——快速回落,到 20 世纪 80 年代中已接近生育率 2.1 的所谓替代水平。但始于 20 世纪 90 年代,出生率被观察到持续低于替代水平并进一步下降至

1.2—1.3。不过,直至 2016 年中国并未改变对大国人口压力的看法,仍严格执行计划生育政策,2002 年制定实施了《人口与计划生育法》。

经济学家不能确定人口生育率的持续走低是否全然归咎于计划生育政策。持续的城市化、教育的普及和经济发展都有助于显著降低生育率。日本、韩国和中国台湾地区在经济发展中都经历生育率从高水平值处的剧烈回落,即便它们没有实行严格的一胎政策。

尽管不能确定放弃一胎政策能否改变生育率下降的趋势,在认识到人口快速转变的长期后果之后,2016 年中国还是终止了一胎政策,改由"二孩"政策替代。但人口经济学家并不乐观,他们认为生育率不可能大幅度回升。中国国家统计局报告的数据显示,2017 至 2019 年中国的生育率分别是 1.58、1.495 和 1.47,虽较之前略有回升,但下降趋势并未得到逆转。

不仅如此,著名的互联网公司携程的创始人、人口经济学家梁建章博士对这一数据提出了疑问。他发文指出,在 2017 年 1.58 的生育率中,一孩、二孩、三孩的生育率分别为 0.67、0.81、0.11。其中,二孩生育率比一孩生育率还高,甚至占到总生育率一半以上,这种情形说明新政策具有显著的短期效应,不可持久。如果舍去二孩堆积因素,即使假定生有一孩的父母中有高达 60% 的母亲会生育二孩,2017 年的自然生育率也仅有 1.18(即 0.67+0.6×0.67+0.11)。

根据他的文章,生育率低迷这一趋势其实早已体现于一孩生育率中。从 2010 到 2015 年,抽样调查的一孩生育率分别仅 0.73、

0.67、0.80、0.78、0.72、0.56。由于对生育一孩从未有限制,不存在瞒报一孩的动机,所以低估一孩生育率可能性很小。

因此,他坚持认为,随着二孩堆积效应的最终消退,中国的自然生育率将快速跌落到1.2甚至更低的水平,这一数据远低于欧洲和美国,也显著低于日本,将与韩国、新加坡等东亚国家和地区同处世界最低之列。

在东亚,日本的出生率随着经济发展水平的快速提高经历了剧烈的回落。日本的出生率在1995年首次低于1.5,10年后又跌到1.26。随着日本政府出台鼓励生育政策,日本的生育率有所回升,目前维持约1.4。

比日本更严重的是韩国。尽管已实施鼓励生育的政策,但韩国的生育率在经合组织(OECD)国家中居于末尾。过去两年,韩国的生育率跟新加坡类似,徘徊在1周围。但到了2019年,韩国的生育率跌为0.92,成为全球生育率最低的国家。

可以找到很多与经济快速发展相关的变量来解释育龄女性的生育意愿为何持续恶化。正如我们在日本和韩国看到的那样,成功的经济发展将大规模的人口从农村带入城市,面对包括住房、教育、医疗在内的持续升高的生活成本压力,生育意愿的降低在中国同样不可避免。因为生育率急速转变,中国在高峰时期每年出生的人口在2 500—3 000万人之间,而过去10年这一数字已大幅度下降至不足1 800万。2019年出生人口1 465万人。最近中国公安部公布的2020年户籍登记新生儿人数为1 003.5万,同比下降约14.89%。尽管户籍数字会低估实际出生人数,但可以断定去年的出生人口将不再会超过1 500万。

低迷的生育率快速放慢了中国庞大劳动年龄人口的增长率。可以根据中国国家统计局数据推算,过去10年,劳动年龄人口数量平均每年减少约340万人。实际上,现在达到劳动年龄的人口大多数都出生在生育率低于更替水平的年代,除非中国大力鼓励生育并把生育率提升到更替水平以上,否则劳动年龄人口的衰减趋势难以逆转,并严重拖累中国经济的发展节奏。

而且随着期望寿命的提高,低生育率还加速提高老年人口的比重。这正是中国发生的事情。中国国家统计局数据披露,中国60岁以上人口的比例从2005年的10.45%升至2013年的14.7%,再至2019年的18.1%,这意味着中国60岁以上的老年人口数达到2.54亿,已超过0—15岁的人口规模。另据预测,中国60岁以上的老年人口数量到2050年将接近5亿。

日本、韩国和新加坡的教训就是,生育率下降问题就如海明威说人的破产一样,一开始只是缓慢发生,但后来就可能一发不可收拾。而中国似乎在改变生育政策上一向过于谨慎。虽然中国在生育率急速下降和不断加速的老龄化面前有所行动并会考虑制定鼓励生育和延迟退休政策,但现实依然是,未来数十年中国将要为应对养老和社会保障开支上的史无前例的巨大压力而大伤脑筋。

美国对华敌对情绪的可能起源

2021 年 5 月 21 日

由美国参议院外交关系委员会主席、民主党参议员鲍勃·梅南德斯（Bob Menéndez）提出"2021 战略竞争法案"（Strategic Competition Act of 2021）的议案，4 月 21 日在参议院外委会以高票数表决通过，开始进入复杂的立法程序。路透社在报道中指出，该议案得到民主党和共和党的强力支持，极可能在国会通过成为法律。两党在对华强硬路线上"罕见一致的情绪"在深度分裂的国会当中，实不多见。

这清楚地表明，跟以往不同，美国这些年已把中国经济崛起更多视为威胁而不再是机会。但之前并非如此。哈佛大学的经济学家拉里·萨默斯（Larry Summers）说过，中国经济的崛起是 21 世纪最重要的事件。美国支持中国的崛起符合其国家利益和世界观，曾经是政治主流。即便意识到中国经济的持续崛起和壮大不可阻挡，作为主流价值，美国仍然有足够的理由相信与中国在经济与地缘政治上合作的利益巨大。事实上，过往几十年来，不同的意识形态和政治制度并没有阻止美国政府至少从克林顿时期以来将中国定义为战略伙伴关系而非竞争对手的决心。

不幸的是,这些在过去几年都已改变。美国政府无视并有意对与中国合作的利益避而不谈,任由对抗中国的民粹意识形态变泛滥,这正在塑造美国的政治主流和价值。不难理解,这是美国主流价值受到民粹政治巨大挑战的结果。只是这一变化速度之快,范围之广,不可思议。

美国这些年两党分裂严重。极端对立的两党又加剧美国社会的撕裂。美国社会的撕裂和民粹主义政治抬头反映出经济全球化时代美国政治当局没有能够有效治理并最小化因经济结构变化而带来的社会成本这一事实。5年前,特朗普是这个社会对立的产物,并逮住了这个分裂创造的政治机会。他的执政将社会撕裂推向了新高度。

相比之下,审慎管理经济全球化的风险并确保最小化结构变化的成本,是中国和大多数亚洲国家的经验。回想一下,中国在2001年成为世界贸易组织成员之后的10年,经济发展迅猛,是因为它成功避免了因开放那些受保护的部门而引发的震荡。中国是将冲击转为机遇的很好的案例。

现代科技的发展和经济全球化会因为对一国经济结构和底层人士的冲击而挑战每一个参与其中的国家底线,这一点毋庸置疑。但拥抱科技和全球化的利益巨大。问题在于政府如何适应和有效治理这种改变带来的风险与挑战。实际上,美国过去几年的状况显示,将中国视为敌人并从全球化中退缩,不仅不是可靠的解决方案,还会使情况更糟。不幸的是,就几年工夫,这些都不可思议地发生了。中美关系紧张,全球自由贸易体系也受到了严重影响。

差不多两个月前,在北京举行的中国发展高层论坛为基辛格博士秘密访华 50 周年安排了一个特别环节,97 岁高龄的基辛格通过视频连线发表了讲话。基辛格是美国健在的政治家中最有资格对中美关系发表意见的人。他是从尼克松、里根到拜登这 50 年中美关系变化的最佳见证人。他在发言中说到,两国积极的合作关系至关重要。世界的和平与繁荣取决于中美之间的理解。美国和中国从未与跟对方同等体量的国家打过交道,这是初次经历,但我们必须阻止目前的危机转变成严重冲突。不过,他对两国关系的走向略显悲观,因为他认为在由现代科技、全球化传播和经济全球化造就的时代,确实会让达成合作共识变得极其困难,这要求双方要付出比以往更大的努力。

后一句话切中要害。现代技术,特别是"移动革命"具有摧毁社会主流价值观的力量。早在移动互联网技术普及之前,社会流行的价值观和世界观深受传统的主流媒体的影响,而主流媒体是社会精英的喉舌。长期以来主流媒体的竞争策略是,要扩大自己的影响力,最佳策略是在竞争中尽量保持中位以留住大多数的观众和读者,这类似于经济学上著名的霍特林模型(以经济学家哈罗德·霍特林 20 世纪 30 年代的理论而命名)所遵循的逻辑。受霍特林模型启示,安东尼·唐斯于 1957 年发展出著名的"中位选民定理"。在政治竞争中,两党获取更多选票的策略必然受霍特林式竞争支配。长期以来,美国的两党民主政治制度运行正常,很大程度上得益于中位选民代表了社会的主流意识形态。

但移动互联网技术通过传媒和社交渠道冲击了美国的两党民主制度。"移动革命"首先使得人与人借助于智能终端——特别是智能手机——而互联,信息传播极其广泛而瞬时。当然重要的改变是,它使传统主流媒体被定制化或个性化的意见表达取代。

当个性化的表达和新的传播渠道主导这个传媒世界时,影响每一个人的不再是传统的主流新闻,而是在手机上传播开来的各种个性化的信息。为了维持更多的影响力,媒体推手需要制作和传播更加定制化和极端化的意见表达,这意味着向"中位投票人"靠拢的霍特林式竞争的逻辑被颠覆,追求极端化的和充满个性的意见表达成为网络传媒的主导竞争策略。

"移动革命"因为改变了传媒的竞争策略,深刻影响了社会的主流意识形态和价值。一旦中位投票人假设不再成立,政治的分裂也就是迟早的事。尽管不是没有代价,也遭诸多诟病,但中国的做法至少表明它对管控极端网络言论和民粹主义冲击主流价值的重要性有足够的认识。相对而言,美国政党根本没有为基辛格博士所说的现代科技对价值观的冲击准备付出更大的努力,反而是对社会撕裂和民粹主义推波助澜。且不说中美关系,就是一团糟的美国国内问题,美国两党也需要政治上更加合作,更有作为,共同寻找解决方案。

坦白说,对美国而言,真正威胁美国未来的不是中国的经济崛起,而是如何弥合社会和政治的撕裂,找回主流价值,重回美国昔日在全球的地位。

中国的金融崛起

2021 年 8 月 2 日

过去一百年,美国崛起的历史至少说明了一件事,(国家)规模似乎比什么都要紧。随着中国巨大经济规模的快速膨胀,其金融实力的巩固也势不可挡。确立中国在全球金融市场上的地位最终将不可避免。

不过,哪怕在十年前,国际上少有经济学家看好未来中国的外部金融实力。相当一段时间里,看上去显而易见的金融脆弱性被作为支持中国经济崩溃论的有力武器。唯一的例外是时任彼得森国际经济研究所(Peterson Institute for International Economics)的资深研究员阿文德·萨布拉曼尼安博士。他在 10 年前出版的著作正确预测到了我们看到的"大趋势"。有意思的是,他的书《日食:在中国经济主导的阴影下生活》(*Eclipse: Living in the Shadow of China's Economic Dominance*)在中国的译本被改成了"大预测",显然这是一个更好的书名。

仅纳入规模变量,阿文德的模型就成功地预测了这个趋势。非常遗憾,规模这个词在经济学的分析框架里缺少一席之地,这是主流经济学家低估中国经济崛起影响力的根源。越来越清楚的事实是,中国的规模在改变着我们看到的一切,这一点今天在金融领域变得显而易见。

是的,跟大多数经济学家的预测相反,中国的金融规模和影响力在过去10年获得了超乎想象的扩张,这使得它有能力持续向全球投资者开放其市场。2019年4月1日起,人民币计价的364只中国国债和政策性银行债券在20个月里完成了正式纳入彭博巴克莱全球综合指数的过程。这是中国债券首次纳入国际主流的债券指数,具有里程碑意义。此后又于2020年一季度进入摩根大通的旗舰指数——摩根大通全球新兴市场多元化债券指数(GBI-EMGD)。今年3月30日,富时罗素最终也决定将中国国债纳入富时世界国债指数(WGBI),自10月29日开始生效,将在36个月内分阶段完成纳入,完成后,中国国债占WGBI的权重将达5.25%。这意味着中国债券被悉数纳入这三大全球投资者主要跟踪的债券指数。

人民币资产被纳入全球主要债券指数的直接结果是,离岸市场有数万亿美元的资产追踪了这些指数,也导致离岸市场上的人民币存款和国外投资者持有人民币资产的兴趣加大。由英国渣打银行于2012年编制的人民币环球指数今年以来创下新高,显示流入中国市场的国际资本以及人民币国际结算范围在快速扩大。这也部分解释了近三年来国际投资者以年均40%的增速增持中国债券的事实。

而这一切的变化得益于中国拥有的超级规模的资本市场,尤其是,该市场正以前所未有的速度向外国投资者开放。这不仅促进了以人民币计价的资产交易在中国的股市与国债市场上的繁荣,也对外资涌入中国市场起到引领角色。目前中国股市总市值80万亿元人民币,约13万亿美元,而债券存量规模超过336万亿元人民币,约合52万亿美元。

中国债券市场的快速国际化也加快了人民币的国际化进程。事实上,中国从来没有隐瞒实现人民币国际化的目标。为了推动资本市场的开放和国际化,中国在2010年就允许境外央行或货币当局、港澳地区人民币业务清算行以及跨境贸易人民币结算境外参加银行这三类机构投资中国的银行间债券市场并于2014年11月开通了沪港通。2016年12月又开通深港通。沪港通、深港通均实行双向人民币交收制度。

在开启了人民币跨境支付系统(CIPS)之后不久,2016年2月中国央行允许符合条件的境外机构投资者可以直接进入银行间债券市场(CIBM),且没有投资额度限制,后又开通"债券通",通过中国香港地区与大陆债券市场的连接,买卖两个市场交易流通的债券。

本月中英国《金融时报》报道说,今年以来,离岸投资者已通过"沪深港通"净买入353亿美元的中国股票,较去年同期增长约49%。报道援引法国农业信贷银行数据显示,今年以来海外投资者还购买了逾750亿美元的中国国债,较去年同期增长50%。截至7月,境外投资者通过"沪深港通"持有A股的市值超过2 280亿美元;通过"债券通"渠道持有中国债券总额约5 780亿美元;持有中国股债资产合计为8060亿美元,较一年前的5700亿美元飙升40%。

的确,今年以来更大规模的资本流入中国而不是其他新兴市场经济体是可以理解的。因受新冠疫情冲击,欧美央行大多通过量化宽松政策大量创造货币,无疑让安全感更强的人民币资产备受青睐。

尽管在国际结算中,人民币直到最近还仅占2%,但2017年至今,人民币在中国的跨境结算(不含银行)中已经从不足10%上升到了40%,而且该趋势还将继续加强。总部设在伦敦的智库——国际货币金融机构官方论坛(OMFIF)每年发布的全球公共投资者调查显示,30%的中央银行计划在未来12—24个月内增加人民币的持有量,而去年只有10%。特别是在非洲,那里几乎有一半的央行计划增加其人民币储备。

随着更多央行持续购买中国国债,人民币在全球外汇储备中的比重在未来5年将会平均以每年1个百分点的速度持续提升。高盛和花旗的研究预测,未来10年,人民币将有望成为全球第三大货币。

中国在开放其资本市场的同时,也在默默推进数字人民币的研发和数字跨境支付系统的建设。国际清算银行(IBS)今年初发布数据显示,全球大约80%的央行开始布局数字货币体系的建设,但仅有大约10%的央行推进到试点阶段。已经完成研制的数字人民币e-CNY(目前仅定位于现金支付凭证M0)进入了测试,测试地点覆盖了有代表性的10个重点城市。2022年举行的北京冬奥会也将成为测试场景。对公司部门和居民而言,e-CNY钱包可以在不开设银行账户情况下获得并可以离线交易,这意味着没有中国商业银行账户的外国居民仍可以拥有 e-CNY 钱包。另外,中国央行联合中国香港金管局与泰国和阿联酋央行发起多边央行数字货币研究项目(M-CBDC Bridge),探索 CBDC 在跨境支付中的应用。

中国央行白皮书披露,央行于 2014 年首次开展对数字人民币的发行、业务运营架构、技术和法律问题的研究并于 2018 年将数字人民币的研发与试点正式命名为 DC/EP 项目。利用区块链技术并依托中国倡议的"一带一路"沿线国家巨大贸易投资潜力,数字人民币将会大大提升人民币的结算功能,降低对美国主导的 SWIFT 的金融信息通讯环节的依赖,为建立一个中国主导的更便捷的区域数字货币支付网络和为跨境数字支付创造条件,最终将有助于实现人民币更为充分的可兑换性。

这一行动让我们看到了中国致力于实现人民币国际化的决心。2016 年中国成功地将人民币纳入了国际货币基金组织的特别提款权的货币篮子中,加入了美元、英镑、欧元和日元的行列。中国先于大多数国家研发并推出由政府信用背书的数字货币 e-CNY,无疑是为跨境支付装上了轮子,助力国内数十万亿美元的债务实现其国际化——要知道,这无疑是人民币成为国际货币的主战场。

中国底层的经济活力

2021 年 10 月 4 日

　　表面看,中国确实拥有数量不少、但跟它的富裕程度不相称的科技公司。这些公司在 20 年前几乎不存在。有意思的是,笔者发现,中国人自己对这一现象的感受远不如中国以外的人士那么强烈,如果不是完全无视的话。但无论如何,这给外界评价中国的科技实力和创新能力带来一些困惑。究竟中国的科技真实实力如何? 中国是否在科技竞争中一定输给美国? 这些问题常常出现在各种会议或论坛中,但答案并不一致。

　　那些对中国持批评态度的悲观学者认为,中国迄今为止并没有发展起来本土的科技公司,对西方技术的依赖才是中国成功的关键。而乐观派则把中国科技公司的国际崛起看成其技术学习能力快速积累的结果——作为后来者,中国是学习的高手。

　　从某种程度上说,学习能力的快速积累确实揭示了中国经济成功的秘笈。技术水平并不决定经济的成功。事实上,技术创新更是企业家驱动的经济发展的结果而不是相反。没有一个初创者是为了拥有新的技术而选择创业,事实正好相反。创业的成功为开创新的技术应用场景提供了前提和可能。

诚然,中国这些年面临越来越严峻的外围挑战和来自发达国家的技术钳制,政府有治理内部经济秩序和消除内部金融风险的决心,但经济并没有如悲观论者预料的那样停歇。实际上,那些扰动市场预期的事件并没有真正阻止底层的创业冲动和新公司的诞生步伐。

这个现象无疑应归因于中国拥有的超大人口规模。不仅如此,这个 14 亿人的市场因发达的交通、通讯、互联网和柔性的供应链而被超乎想象地联系在了一起。

过去这些年,制造业领域的外商撤离中国的脚步虽从未停止,但事实上这并非因为他们受到了不公正待遇,而是因为他们未能成功面对来自本土企业的竞争,实现本土化。那些扎根中国市场的国际公司即便信心满满,也无法回避需要跟中国本土公司开展竞争的现实。在中国市场,技术的优势是短暂的。即使国际公司的技术略胜一筹,但在服务中国市场方面,中国的公司显然享有明显的优势:不高高在上,与市场需求更近,官僚层次更少,决策更加灵活。更重要的是,它们进步更快。

它们都在中国经济的底层,并在残酷竞争中自下而上成长起来。中国在过去几十年积累起来的学习能力和庞大的市场规模的结合确实塑造了中国底层的创业动力。实际上中国拥有大量不为公众所知的成功的中小公司。那些被称为独角兽和隐形冠军的中小公司不仅在数量上多得惊人,更是在科技应用领域不断创新。规模超大并无限变换的应用场景是这些底层创业者面临的极大诱惑。

立足中国发达而高效的供应链，也催生了大量以海外客户为目标的创业公司。具有讽刺意味的，在中国，人们很少注意到，中国有很多隐形冠军或独角兽的公司在服务海外市场。事实上，这些公司在欧美市场拥有远远胜过中国的影响力。那些意识到可以充分凭借中国高效的仓储、分销和物流系统以及在产品设计和生产加工领域的超强能力来服务海外市场的创业者，将会发现其可挖掘的国际竞争力的潜力巨大。而这正是正在发生的事实。一个很好的例子是一家名为 SheIn 的公司去年突然受到中国媒体的广泛关注。

确实，这些年来，这家注册在江苏省会城市南京的专注于快时尚的跨境 B2C 电商公司并不为当地人知晓。得益于去年来自一咨询公司发布的《中国独角兽企业研究报告 2021》披露，SheIn 才进入公众视野。依据该报告，中国目前拥有 251 家独角兽企业，其中南京企业 11 家，而其中 1 家商号取名为 SheIn 的公司首次入榜 Top10，成为了超级独角兽，迅速迎来投资者的青睐。

10 年前，SheIn 不过是一家经营服装的跨境电商。像大部分中国跨境电商一样，除了官网外，以亚马逊和 eBay 为主战场。但从 2014 年起，公司创建自主品牌 SheIn，并推出网站和 App，在美国、欧洲、中东、印度等市场推出网站，甚至进军 Zara 的老家西班牙，覆盖了全球 200 多个国家和地区。

拥有自己的柔性供应链是 SheIn 最核心的竞争力来源。目前 SheIn 的供应链聚集于中国的广东。这里无疑是中国最发达的制造中心，也拥有最完备而高效的供应链，包括物流和仓储。实际上 SheIn 也在一些重点市场的国家开始建有仓储。根据一些数据判断，SheIn 的新品从设计到成品只需 2 周时间，并且能在 1 周内运往主要市场，1 年能开发超过 1 万个 SKU。这比 Zara 等传统快时尚产品的周期缩短太多了，因为后者通常在欧洲完成设计，再到东南亚和中国制造，而且在统一向世界市场发货之前还要送回欧洲总部仓储。最近的多个公开引用的数据显示，在 SheIn 的第一大市场美国，Google 上搜索它的用户已经是 Zara 的三倍以上。SheIn 已经成为排名第二的最受美国年轻人喜爱的电商网站，仅次于亚马逊。

其实 SheIn 不过是中国底层无数快时尚跨境电商平台的一个。事实是，除了风靡全球的社交应用 App 如 TikTok 之外，过去 10 年，从中国底层崛起的出海互联网公司可谓不计取数，更重要的是，它们在欧美和南亚市场的影响力日趋上升，在一些国家如印度甚至已经到了不能被忽视的地步。

作为 2003 年暴发的 SARS 病毒的一个强劲的回应，中国的电商部门得到鼓励并获得快速的发展。5 年之后，因受全球金融危机的冲击，中国决定借此机会加大对加强国内经济内部联系的鼓励和投入，集中提升中国在互联网、移动支付、通讯、交通运输、物流、仓储以及供应链等基础设施的能力，形成今天超级发达的国家范围内重要的基础性平台，这是中国底层创业和创新热流从未间断的源头。

中国经济崛起现象确实有值得关注的细节。那些浮在表面的结构性问题跟它的底层经济活力之间好像并没有透明和直观的对应关系。比如说,国有部门占用的金融资源——常常让它成为缓解中小企业融资约束的一个非正式渠道,这提醒了我们关于中国经济的动态复杂性。我相信,以经济活动的联系而言,上层与底层之间的关系是多层的,其相互影响的机制也非常复杂,值得经济学家进一步观察和研究。但那些仅仅习惯于关注表面现象的分析人士,常常会对中国经济的韧性感到困惑,这可想而知。坦率地说,看不到中国底层的经济活力,是无法真正理解中国经济的过去和未来的。